ÍNDICE

S0-BOA-426

DICCIONARIO DE SINÓNIMOS Y ANTÓNIMOS

María J. Llorens Camps

Copyright © EDIMAT LIBROS, S. A.
C/ Primavera, 35
Polígono Industrial El Malvar
28500 Arganda del Rey
MADRID-ESPAÑA

Colección: Manuales de la lengua española
Título: Diccionario de sinónimos y antónimos
Autora: María J. Llorens Camps

ISBN: 84-9764-514-6
Depósito legal: M-16779-2005

Diseño de cubierta: El Ojo del Huracán
Impreso en: COFÁS

IMPRESO EN ESPAÑA – *PRINTED IN SPAIN*

Prólogo

En un estudio ya clásico, el sociólogo americano Vance Packard se preguntaba cuáles eran las cualidades que acompañaban a los máximos ejecutivos de las grandes empresas estadounidenses. Su obra llevaba el significativo título *The Pyramid climbers* («Los que escalan la pirámide»). En la pirámide de la empresa hay sólo unas pocas personas que alcanzan la cima.

La indagación de Packard se encaminaba a buscar la peculiaridad de esos ejecutivos y qué era lo que les había hecho llegar allí. Para ello estudió una larga serie de indicadores: raza, sexo, religión, origen social, vestimenta, residencia, estudios, expediente académico, cociente intelectual, etc. El éxito dependía de circunstancias muy variadas y distribuidas de manera irregular. Pero no faltaba en quienes habían llegado a la cúspide de la pirámide una cualidad: poseían el vocabulario más rico y matizado de cuantos estaban empleados en la empresa. No era, pues, el expediente académico o el origen familiar –que, por supuesto, influían– el rasgo diferenciador, sino el caudal léxico.

Las conclusiones de Packard, como cualquier análisis en ciencias humanas, pueden ser cuestionables. No parece discutible, sin embargo, que el hablante es consciente del valor de un vocabulario amplio y variado. Su carencia puede malbaratar una entrevista de trabajo, malograr un examen, entorpecer la presentación de una queja ante la administración. Situaciones todas en que no es posible recurrir a las evasivas: «Usted ya me entiende» o «Bueno, yo quería decir» o «creo que no me he explicado bien».

De ahí la importancia de los diccionarios de sinónimos y antónimos. Son, sin duda, un buen amigo que nos puede sacar de muchos apuros.

Con todo, esta útil herramienta debe manejarse con cautela. Los lingüistas discuten si, en realidad, hay sinónimos. Sin entrar en la disquisición académica, lo que es claro es que los sinónimos, en sentido riguroso, son muy escasos.

Los conceptos de denotación y connotación han pasado, hace ya tiempo, de la universidad a las enseñanzas medias. El alumno de bachillerato conoce bien la distinción.

Veamos un ejemplo. En una ocasión, el miembro del Consejo General del Poder Judicial José Luis Manzanares expresó, en prensa, su deseo de que los políticos corruptos acabaran en la «mazmorra». Al día siguiente, en el mismo periódico en que se había manifestado el magistrado, un lector, en la sección «Cartas al Director», puntualizaba: «Deseo, como el señor Manzanares, que los corruptos paguen sus delitos pero no en una «mazmorra», sino en un «centro penitenciario».

El ejemplo es elocuente. Un diccionario de sinónimos nos ofrece para la palabra cárcel las variantes «prisión», «ergástula», «mazmorra», «centro penitenciario». La connotación hace que la elección de una u otra no sea inocente. «Ergástula» nos remite a la inhumana reclusión en el Imperio Romano; «mazmorra», a la Edad Media, no menos cruel. Incluso «cárcel» evoca la penosa realidad de que dejó testimonio Cervantes en el prólogo a «Don Quijote» y, posteriormente, la pintura de Goya. La denotación en todos esos casos es la misma, pero la connotación aconseja seleccionar «centro penitenciario» como término más adecuado a la realidad actual, atenta a los derechos humanos.

Una segunda cautela: la lengua muestra registros, niveles de expresión. Una cosa es la lengua coloquial; otra, la estándar. «Jeta» y «rostro» son sinónimos de cara. El contexto lingüístico indicará cuál debe ser la voz adecuada.

Olvidar las prevenciones señaladas puede causar graves consecuencias. Usado con cautela, el Diccionario de sinónimos y antónimos es de suma utilidad. Un buen amigo, sin duda, pero al que no podemos pedirle sino lo que puede darnos: un conjunto de significados del que hay disponer con discreción.

Constantino González

A

ABAJO
Sinónimos: Debajo, profundo, subterráneo, bajo.
Antónimos: Arriba, encima, sobre.

ABALANZARSE
Sinónimos: Atacar, embestir, arremeter.
Antónimos: Retroceder, retirarse.

ABANDERAR
Sinónimos: Dirigir, encabezar, acaudillar‖registrar, inscribir.

ABANDONAR
Sinónimos: Ceder, dejar, renunciar, desamparar‖marcharse, irse.
Antónimos: Proteger, defender, amparar.

ABARCAR
Sinónimos: Contener, incluir, englobar.
Antónimos: Excluir, separar.

ABARROTAR
Sinónimos: Atiborrar, colmar, llenar, atestar.
Antónimos: Vaciar, desocupar.

ABASTECER
Sinónimos: Proporcionar, surtir, proveer, equipar.

ABATIR(SE)
Sinónimos: Desalentar, desanimar, decaer, descorazonar.
Antónimos: Animar, estimular, apoyar.

ABDICAR
Sinónimos: Renunciar, dimitir, abandonar.
Antónimos: Aceptar.

ABERRACIÓN
Sinónimos: Desvío, vicio, perversión.
Antónimos: Corrección, virtud.

ABIERTO
Sinónimos: Despejado, desembarazado, expedito.

ABIGARRADO
Sinónimos: Sobrecargado, barroco, estridente.
Antónimos: Sobrio.

ABISMO
Sinónimos: Sima, precipicio, barranco, despeñadero.
Antónimos: Llano, cumbre, cima.

ABNEGACIÓN
Sinónimos: Altruismo, generosidad, bondad, filantropía.
Antónimos: Frialdad, egoísmo, indiferencia.

ABOCHORNAR(SE)
Sinónimos: Avergonzarse, sonrojarse, ruborizarse, azarar.

ABOGADO
Sinónimos: Letrado, jurista‖defensor, protector, mediador.

ABOLIR
Sinónimos: Derogar, eliminar, revocar, anular.
Antónimos: Instituir, aprobar, ratificar.

ABOMINABLE
Sinónimos: Odioso, detestable, despreciable, vituperable.

ABORRECER
Sinónimos: Despreciar, detestar, reprobar, condenar.
Antónimos: Apreciar, amar, estimar, valorar.

ABRASAR(SE)
Sinónimos: Quemar, achicharrar, arder, calcinar, incendiar.
Antónimos: Enfriar, helar.

ABRAZAR
Sinónimos: Ceñir, estrechar, enlazar.
Antónimos: Soltar, aflojar.

ABREVIAR
Sinónimos: Resumir, condensar, sintetizar, reducir.
Antónimos: Ampliar, alargar, extender.

ABRIR
Sinónimos: Destapar, descorrer, separar, extender, desplegar, rajarse, cuartearse.
Antónimos: Cerrar, tapar, taponar, obstruir, atrancar, atascar, clausurar, murar, tapiar, vallar, acotar.

ABRUMAR(SE)
Sinónimos: Agobiar, angustiar, abatir, apesadumbrar.
Antónimos: Aliviar, animar, confortar.

ABSOLUTO
Sinónimos: Independiente, ilimitado, pleno, incondicional, omnímodo, terminante, rotundo.
Antónimos: Relativo, supeditado, subordinado, restringido, condicionado, independiente.

ABSORBER
Sinónimos: Chupar, apropiarse, libar, aspirar, extraer, sustraer, succionar, embeber, exhalar.
Antónimos: Segregar, exhalar, emanar, destilar, emitir, irradiar, secretar, excretar, difundir, transpirar, sudar.

ABSORTO
Sinónimos: Asombrado, atónito, admirado, enajenado, suspenso, extático, alucinado, maravillado, pasmado, ensimismado.
Antónimos: Distraído, abúlico, apático, desinteresado.

ABSTEMIO
Sinónimos: Sobrio, abstinente.
Antónimos: Borracho, beodo, dipsómano, embriagado, ebrio, curda.

ABSTENERSE
Sinónimos: Contenerse, refrenarse, inhibirse.
Antónimos: Actuar, intervenir, participar.

ABSTRACTO
Sinónimos: Inconcreto, vago, indeterminado.
Antónimos: Concreto, especificado, puntualizado, preciso, determinado, detallado.

ABSURDO
Sinónimos: Ilógico, contradictorio, inverosímil, irracional, disparatado, falso, improcedente.
Antónimos: Racial, lógico, coherente, comprensible, convincente.

ABUCHEAR
Sinónimos: Silbar, protestar, pitar, desaprobar.
Antónimos: Ovacionar, aplaudir.

ABULIA
Sinónimos: Indolencia, inapetencia, insensibilidad, dejación, desgana.
Antónimos: Voluntad, volición, querer, deseo, espontaneidad, albedrío, libertad, disposición.

ABULTAR
Sinónimos: Engordar, agrandar, amplificar, cebar, hinchar, aumentar, dilatar, ensanchar, exagerar, hiperbolizar, fantasear.
Antónimos: Alisar, adelgazar, disminuir, deshinchar.

ABUNDANCIA
Sinónimos: Riqueza, copiosidad, opulencia, profusión, exuberancia, colmo, hartura, exageración, plétora, pingüe, fertilidad.
Antónimo: Escasez.

ABURRIDO
Sinónimos: Harto, malhumorado, desganado, abúlico, inapetente.
Antónimos: Animado, entretenido.

ABUSO
Sinónimos: Exceso, exageración, atropello, arbitrariedad, injusticia, alcaldada, atentado, extralimitación.
Antónimos: Justicia, legalidad, comedimiento, ecuanimidad.

ABYECCIÓN
Sinónimos: Vileza, bajeza, degradación, humillación, ignominia, servilismo, indignidad, envilecimiento, esclavitud.
Antónimos: Nobleza, dignidad, gallardía.

ACÁ
Sinónimos: Aquí, próximamente, al lado, interior.
Antónimos: Allá, acullá.

ACABAR
Sinónimos: Concluir, agotar, rematar, acabar, finalizar, consumir, consumar, cerrar, desenlazar.
Antónimos: Empezar, iniciar, principiar, comenzar.

ACADEMIA
Sinónimos: Colegio, escuela, instituto.

ACAPARAMIENTO
Sinónimos: Acopio, retención, acumulación, almacenamiento, requisamiento, centralización, amontonamiento, monopolio.
Antónimos: Entregar, soltar, dar, liberar, ofrecer.

ACARICIAR
Sinónimos: Arrullar, mimar, agasajar, adular, halagar, lisonjear.

ACARREAR
Sinónimos: Llevar, portear, transportar, conducir, traer.

ACARTONAMIENTO
Sinónimos: Amojamamiento, apergaminamiento, acecinamiento.

ACATAR
Sinónimos: Aceptar, obedecer.
Antónimos: Desacatar, desobedecer.

ACATO
Sinónimos: Obediencia, observancia.
Antónimos: Desobediencia, desacato, rebeldía.

ACCIDENTAL
Sinónimos: Accesorio, secundario, aleatorio, circunstancial, ocasional, esporádico.
Antónimos: Esencial, sustancial, intrínseco, medular, principal, primordial.

ACELERAR
Sinónimos: Activar, apresurar, precipitar, abreviar.
Antónimos: Retardar, diferir, demorar, detener, retrasar, dilatar, atrasar, aplazar, rezagar.

ACEPTAR
Sinónimos: Admitir, recibir, coger, tomar, suscribir, firmar, aprobar, cargar, afrontar, arrostrar.
Antónimos: Rehusar, rechazar, desechar, repudiar, recusar, declinar.

ACERTAR
Sinónimos: Atinar, hallar, encontrar, descifrar.
Antónimos: Errar, desacertar, equivocarse, confundirse, engañarse, extraviarse, disparatar.

ACHACAR
Sinónimos: Culpar, acusar, inculpar, imputar.
Antónimos: Disculpar, exonerar.

ACIAGO
Sinónimos: Nefasto, infeliz, desdichado, triste.
Antónimos: Feliz, afortunado, dichoso.

ACOMPASADO
Sinónimos: Rítmico, candencioso, medido, reglado, regular, isócrono, sincrónico.
Antónimos: Desacompasado, distorsionado, arrítmico, irregular, alterado, desigual.

ACONSEJAR
Sinónimos: Advertir, recomendar, indicar, asesorar, prevenir.
Antónimos: Disuadir, desanimar.

ACOSTUMBRADO
Sinónimos: Habituado, avezado, curtido, ducho, práctico, baqueteado, fogueado, experimentado, ejercitado.
Antónimos: Deshabituado, desentrenado.

ACREDITAR
Sinónimos: Prestigiar, honrar, reputar, enaltecer, exaltar.
Antónimos: Desacreditar, desprestigiar, desdorar.

ACTIVIDAD
Sinónimos: Diligencia, prontitud, viveza, dinamismo, trajín, ajetreo, tráfago, ejercicio, movimiento, laboriosidad, eficacia, vitalidad, energía, fuerza.
Antónimos: Inactividad, pasividad, quietud, atrofia, atonía, embotamiento, letargo, colapso, anquilosis, entumecimiento.

ACTIVO
Sinónimos: Operante, actuante, ejecutante, rápido, vivo, dinámico, diligente, presto.
Antónimos: Pasivo, inactivo, quieto, calmo, emérito.

ACTUAL
Sinónimos: Presente, vigente, palpitante, fresco, caliente, reciente, coetáneo, contemporáneo.
Antónimos: Inusual, inactual, pasado, obsoleto, extemporáneo.

ACUERDO
Sinónimos: Pacto, convenio, tratado, compromiso, contrato, negociación, avenencia, arbitraje, arreglo, ajuste, contubernio, componenda, compenetración, unanimidad, conformidad, capitulación, aquiescencia, unión, armonía, conciliación.
Antónimos: Desacuerdo, disconformidad, discrepancia, discordancia, divergencia, disparidad, oposición, contrariedad, disensión, antagonismo.

11

ADECUADO

Sinónimos: Apropiado, acomodado, acondicionado, indicado, propio, conveniente.

Antónimos: Inadecuado, impropio, inservible, inconveniente, desproporcionado, incongruente, discordante, improcedente.

ADELANTAR

Sinónimos: Anticipar, madrugar, anteponer, avanzar, atajar.

Antónimos: Atrasar, rezagar, retrasar, retardar, demorar, diferir, aplazar.

ADEPTO

Sinónimos: Seguidor, discípulo, adicto, incondicional, afiliado, partidario, asociado, iniciado, sometido, leal.

Antónimos: Enemigo, oponente, adversario, contrincante, antagonista.

ADHERENCIA

Sinónimos: Cohesión, consistencia, estructura, densidad, unión, pegadura, glutinosidad, viscosidad, pegajosidad, soldadura, encolamiento, pega, gelatina, parche, oblea.

Antónimos: Separación, rotura.

ADICIONAR

Sinónimos: Aumentar, añadir, agrandar, incrementar, sumar.

Antónimos: Restar, sustraer, disminuir.

ADICTO

Sinónimos: Adepto, partidario, leal, aplicado, simpatizante, amigo, afecto, incondicional, seguidor, fiel, delicado, devoto.

Antónimos: Enemigo, contestatario, desleal, antagónico.

ADINERADO

Sinónimos: Rico, opulento, potentado, millonario, magnate, poderoso.

Antónimos: Pobre, marginado, arruinado.

ADIVINACIÓN

Sinónimos: Auspicio, augurio, premonición, adivinanza, vaticinio, pronóstico, predicción, presentimiento, previsión, acertijo, acierto, horóscopo, oráculo, aruspicina.

ADJUDICAR(SE)

Sinónimos: Conceder, dar, asignar, atribuir, otorgar‖apropiarse, apoderarse.

Antónimos: Quitar‖renunciar.

ADMINISTRAR

Sinónimos: Tutelar, gobernar, dirigir, mandar, regir‖aplicar, conferir, suministrar.

ADMIRABLE.

Sinónimos: Apreciable, estimable, notable, excelente, considerable, mirífico, asombroso, pasmoso, sorprendente, maravilloso, extraordinario, estupendo, deslumbrante, encantador, fascinante.

Antónimo: Despreciable.

12

ADMIRACIÓN
Sinónimos: Maravilla, asombro, pasmo, majestad, sorpresa, estupefacción, estupor, deslumbramiento, éxtasis, arrobamiento, fascinación, encanto, enajenamiento, entusiasmo, prodigio, portento.
Antónimo: Desprecio.

ADMITIR
Sinónimos: Acoger, aceptar, aprobar, adoptar, abrazar, recibir, tomar, permitir, consentir, sufrir, tolerar, reconocer, conceder, deferir.
Antónimos: Rechazar, oponer, rehusar, despreciar.

ADOLECER
Sinónimos: Carecer, padecer, necesitar, sufrir.

ADOLESCENTE
Sinónimos: Joven, mozo, muchacho, imberbe, mancebo.

ADOPTAR
Sinónimos: Prohijar, acoger, apadrinar, proteger||admitir, aceptar, seguir, practicar.
Antónimos: Abandonar, desamparar, repudiar||rechazar.

ADORAR
Sinónimos: Venerar, idolatrar, honrar, reverenciar.
Antónimos: Despreciar, desdeñar, aborrecer.

ADORNAR
Sinónimos: Ornar, engalanar, emperifollar, ataviar, acicalar, embellecer, aderezar, componer, decorar, embutir, repujar, taracear, incrustar, recamar, estofar.
Antónimos: Desnudar, despojar.

ADQUIRIR
Sinónimos: Alcanzar, adueñarse, apropiarse, lograr, obtener, conseguir, cazar, ganar, coger, tomar, recibir.
Antónimos: Vender, dar, obsequiar.

ADREDE
Sinónimos: Aposta, ex profeso, intencionadamente, deliberadamente, expresamente.

ADULACIÓN
Sinónimos: Lisonjear, halagar, incensar, florear, coba, piropo, requiebro.
Antónimos: Maledicencia, zaherimiento, denigrar, difamar, calumnia, crítica, murmuración, cotilleo, runrún, rumor.

ADULTERAR
Sinónimos: Falsificar, falsear, viciar, pervertir.
Antónimos: Purificar, acrisolar, sanear.

ADUSTO
Sinónimos: Desabrido, hosco, serio, arisco.
Antónimos: Alegre, afable, agradable, locuaz, comunicativo.

AFABLE
Sinónimos: Amable, cortés, cálido, benévolo, efusivo, atento.
Antónimos: Desabrido, descortés, hosco, huraño.

AFEMINADO
Sinónimos: Marica, maricón, mariquita, sarasa, invertido, homosexual, hermafrodita.
Antónimos: Varonil, viril, macho, vigoroso.

AFIANZAR
Sinónimos: Asegurar, apuntalar, amarrar, fortalecer, robustecer, vigorizar.
Antónimos: Soltar, aflojar, debilitar.

AFICIÓN
Sinónimos: Inclinación, apego, querencia, interés, *hobby*, predilección, preferencia, entusiasmo, pasión, simpatía, vocación, tendencia.
Antónimos: Desapego, desvío, alejamiento, desinterés, aversión, antipatía, repugnancia, desamor.

AFIRMACIÓN
Sinónimos: Aseveración, aserto, asentimiento, consentimiento, aquiescencia, manifestación, confirmación.
Antónimos: Negación, negativa, mentís, no, repulsa, rechazar, denegar, contradecir.

AFLICCIÓN
Sinónimos: Angustia, pena, cuita, sentimiento, congoja, agonía, tribulación, pesar, dolor, sufrimiento.
Antónimos: Gozo, contento, alegría, placer, satisfacción.

AFLIGIR(SE)
Sinónimos: Apenar, entristecer, desazonar, desolar, desconsolar.
Antónimos: Animar, consolar, confortar, alegrar.

AFLOJAR
Sinónimos: Desapretar, soltar.
Antónimos: Apretar, estrechar, apretujar, oprimir.

AFRENTA
Sinónimos: Ofensa, agravio, injuria, vejación, deshonra, vilipendio.
Antónimos: Respeto, honor, encomio, elogio, alabanza.

AGACHAR
Sinónimos: Inclinar, bajar, reclinar, hincar, postrar, prosternarse, acurrucar, encoger.
Antónimos: Erguir, levantar, empinar, enderezar, incorporar.

AGARRAR
Sinónimos: Coger, asir, amarrar, prender, tomar.
Antónimos: Soltar, desasir, desprender, deponer.

ÁGIL
Sinónimos: Expedito, suelto, desembarazado, desenvuelto, ligero, libre.
Antónimos: Torpe, tardo, lento, pesado, pausado, premioso, inválido, entumecido.

AGITAR(SE)
Sinónimos: Inquietar, turbar, perturbar, acalorar, intranquilizar.
Antónimos: Sosegar, serenar, calmar, aquietar.

AGOBIO
Sinónimos: Opresión, fastidio, angustia, zozobra, abatimiento.
Antónimos: Alivio, consuelo, serenidad, distracción.

AGOTAR(SE)
Sinónimos: Consumir, acabar, vaciar, extenuar, cansar, gastar.
Antónimos: Fortalecer, vigorizar, llenar, colmar.

AGRADAR
Sinónimos: Gustar, complacer, halagar, lisonjear, satisfacer, encantar, deleitar, atraer, cautivar, fascinar, hechizar, alucinar, seducir, embelesar.
Antónimos: Desagradar, fastidiar, disgustar, hastiar, cansar, empalagar, repeler, repugnar, asquear.

AGRADECIDO
Sinónimos: Reconocido, obligado, grato.
Antónimos: Desagradecido, ingrato, olvidadizo.

AGRAVIAR
Sinónimos: Ofender, ultrajar, zaherir, insultar, vituperar, calumniar, afrentar, mortificar.
Antónimos: Desagraviar, reparar, rehabilitar, satisfacer, compensar.

AGREDIR
Sinónimos: Acometer, arremeter, atacar, golpear.
Antónimos: Huir, esquivar.

AGUANTAR(SE)
Sinónimos: Soportar, sobrellevar, permitir, aceptar||dominarse, controlarse, callarse.
Antónimos: Rendirse, claudicar, ceder||rebelarse, levantarse, insubordinarse.

AGUARDAR
Sinónimos: Esperar.
Antónimos: Marchar, ir, ausentarse, impacientar, partir, largarse, pirarse.

AGÜERO
Sinónimos: Economizar, conservar, atesorar, guardar.
Antónimos: Derrochar, dilapidar, despilfarrar, gastar.

AHORRAR
Sinónimos: Economizar, escatimar, guardar, recoger, retener, conservar, almacenar, atesorar, acaparar.
Antónimos: Gastar, malgastar, disipar, dilapidar, derrochar, malbaratar, despilfarrar, tirar, consumir, desperdiciar, agotar.

15

AIRADO
Sinónimos: Violento, irritado, colérico, rabioso, iracundo.
Antónimos: Sereno, sosegado, tranquilo.

AIRE
Sinónimos: Brisa, céfiro, airecillo, hálito, remusgo, remanso, calma.
Antónimos: Huracán, vendaval, ciclón, ventolera, ventisca, ráfaga, remolino, torbellino.

AJENO
Sinónimos: Extraño, impropio.
Antónimos: Propio, exclusivo, personal, particular, intransferible, patrimonial, inalienable.

AJETREO
Sinónimos: Trajín, movimiento, trabajo.
Antónimos: Descanso, ocio, inactividad, marasmo.

AJUSTAR
Sinónimos: Acoplar, encajar, articular, conectar, enchufar, ensamblar, acomodar, adaptar.
Antónimos: Desajustar, desacoplar, desencajar, desengranar, desconectar, desquiciar, dislocar.

AJUSTICIAR
Sinónimos: Matar, guillotinar, ejecutar, liquidar.

ALABAR
Sinónimos: Elogiar, ponderar, encomiar, aprobar, aplaudir, ensalzar, celebrar, enaltecer, glorificar, bendecir, exaltar, idolatrar.
Antónimos: Vituperar, execrar, censurar, criticar, motejar, difamar, denigrar, desprestigiar, afrentar, vejar, vilipendiar, insultar, zaherir, estigmatizar, maldecir.

ALARDEAR
Sinónimos: Jactarse, vanagloriarse, presumir, ostentar, alabarse.
Antónimos: Humillarse, rebajarse.

ALARGAR(SE)
Sinónimos: Prolongar, ampliar, aumentar, extender, prorrogar||retardar|retrasar|aplazar.
Antónimos: Encoger, acortar, reducir||adelantar, avanzar.

ALARMAR(SE)
Sinónimos: Inquietar, preocupar, alterar, sobresaltar, asustar, amedentrar.
Antónimos: Sosegar, calmar, tranquilizar, serenar.

ALBERGAR(SE)
Sinónimos: Alejar, cobijar, recibir, hospedar, aposentar.
Antónimos: Desalojar, mudarse, salir.

ALBOROTO
Sinónimos: Tumulto, desorden, jaleo, algarabía, altercado, trifulca.
Antónimos: Tranquilidad, paz, sosiego.

ALCANZAR
Sinónimos: Lograr, obtener, conseguir, adquirir.
Antónimos: Desistir, abandonar, dejar.

ALDEA
Sinónimos: Pueblo, villorrio, pueblecito.

ALEGRE
Sinónimos: Regocijado, gozoso, alborozado, jubiloso, jovial, satisfecho, contento, exultante, extasiado, jocundo, optimista, eufórico.
Antónimos: Triste, afligido, meditabundo, cariacontecido, apesadumbrado, apenado, dolorido, acongojado, angustiado, compungido, lloroso, taciturno, melancólico, cabizbajo, alicaído, deprimido, asténico, apático, hipocondriaco, tétrico, fúnebre, luctuoso, lúgubre.

ALEJADO
Sinónimos: Aislado, apartado, retirado, separado.
Antónimos: Cercano, próximo, céntrico.

ALIGERAR
Sinónimos: Apresurar, activar, avivar, acelerar.
Antónimos: Retrasar, retardar, demorar.

ALIVIAR(SE)
Sinónimos: Calmar, mitigar, atenuar, disminuir, suavizar‖recuperarse, animarse, mejorar.
Antónimos: Endurecer, exagerar, aumentar‖desconsolarse, desazonarse, angustiarse, preocuparse.

ALLÍ
Sinónimos: Allá, ahí.
Antónimos: Aquí, acá, presente.

ALMA
Sinónimos: Espíritu, psique (psiquis o *psyché*), conciencia, inmateria, incorpóreo.
Antónimos: Cuerpo, materia, barro, humanidad.

ALMACENAR
Sinónimos: Acumular, amontonar, apiñar, guardar, reunir.
Antónimos: Repartir, distribuir, disgregar.

ALOJAR
Sinónimos: Hospedar, aposentar, albergar, cobijar, instalar, residir, morar.
Antónimos: Expulsar, desahuciar, echar, desalojar, deshabitar.

ALTERAR(SE)
Sinónimos: Variar, cambiar, trastocar‖agitar, alarmar, impresionar, turbar, sobresaltar.
Antónimos: Permanecer, mantener, preservar‖sosegar, aquietar, serenar.

ALTO
Sinónimos: Crecido, espigado, esbelto, elevado, excelso.
Antónimos: Bajo, enano, pigmeo, liliputiense, pequeño, chico.

ALTRUISMO
Sinónimos: Caridad, filantropía, magnanimidad, beneficencia, humanitarismo, abnegación, sacrificio, desinterés, fraternidad, hermandad, benevolencia.
Antónimos: Egoísmo, tacañería, egolatría, endiosamiento, individualismo, misantropía, desamor, avaricia.

ALZAR(SE)
Sinónimos: Elevar, izar, aupar, subir, levantar‖rebelarse, amotinarse, resistirse, sublevarse.
Antónimos: Bajar, descender‖obedecerse, someterse, apaciguar.

AMABLE
Sinónimos: Cordial, cortés, sociable, afectuoso, atento, cariñoso.
Antónimos: Hosco, rudo, antipático, grosero.

AMANECER
Sinónimos: Alborear, clarear, despuntar, aurora.
Antónimos: Anochecer, oscurecer, crepúsculo.

AMARGO
Sinónimos: Agrio, ácido, acre, acibarado, avinagrado.
Antónimos: Dulce, almibarado, meloso, azucarado.

AMIGO
Sinónimos: Íntimo, incondicional, confidente, inseparable, favorito, compañero, camarada, compadre, compinche, adicto, adepto.
Antónimos: Enemigo, adversario, antagonista, competidor.

AMNISTÍA
Sinónimos: Indulto, perdón, condonación.

AMO
Sinónimos: Señor, dueño, propietario, poseedor, patrón, jefe.
Antónimos: Criado, sirviente, fámulo, mozo, doméstica, doncella, azafata, camarero, ayo.

AMONESTAR
Sinónimos: Recriminar, reprochar, reconvenir, regañar, reprender.
Antónimos: Aprobar, felicitar, aplaudir.

AMOR
Sinónimos: Afecto, cariño, ternura, mimo, adoración, idolatría, pasión, idilio, corazón, querencia, devoción, cupido, voluntad.
Antónimos: Odio, rencor, aborrecimiento, encono, inquina, animosidad, desamor, resquemor, tirria, resentimiento, ojeriza, manía, malquerencia.

AMORFO
Sinónimos: Deforme, informe, irregular, embrionario, rudimentario.
Antónimos: Forma, figura, estructura, hechura, formato.

AMPARAR
Sinónimos: Proteger, auxiliar, ayudar, favorecer, asistir, socorrer, remediar, apoyar, valer, abogar, defender, tutelar, avalar, patrocinar, adoptar, apadrinar, acoger.
Antónimos: Desamparar, abandonar.

AMPLIADO
Sinónimos: Amplificado, extendido, dilatado, desarrollado, lato.
Antónimos: Extracto, resumido, concretado, escueto, parco, compendiado, sintetizado, recopilado, breve.

AMPUTAR
Sinónimos: Cercenar, cortar, mutilar, truncar.

ANALFABETO
Sinónimos: Iletrado, inculto, ignorante, palurdo.

ANALGÉSICO
Sinónimos: Calmante, sedante, paliativo.

ANÁLISIS
Sinónimos: Descomposición, disección, examen, estudio, investigación, reconocimiento.
Antónimos: Síntesis, composición, reconstrucción, sinopsis, recapitulación, epítome, bosquejo, esbozo, esqueleto, armazón.

ANALOGÍA
Sinónimos: Semejanza, congruencia, concordancia, conformidad, coincidencia, convergencia.
Antónimos: Diferencia, divergencia, distinción, oposición, antagonismo, antítesis, disparidad, discrepancia.

ANARQUÍA
Sinónimos: Anarquismo, acracia, desorden, confusión, libertinaje.
Antónimos: Disciplina, orden, concreción, gobierno, acatamiento.

ANCHO.
Sinónimos: Amplio, holgado, dilatado, espacioso, vasto.
Antónimos: Estrecho, angosto, reducido, apretado, ajustado.

ANCIANO
Sinónimos: Viejo, decrépito, «pureta», octogenario, geriátrico, senil, caduco.
Antónimos: Niño, chiquillo, rapaz, criatura, infante, bebé, chaval, pequeño, menor, impúber, retoño.

ANCLA
Sinónimos: Áncora.

ANDAR
Sinónimos: Caminar, recorrer, ir, venir, marchar, llegar, pasar, trasladarse, transitar, discurrir, circular, trajinar, ajetrear, patear, errar, vagar, vaguear, trotar, rodar, rodear, rumbear.
Antónimos: Parar, descansar, estacionar, reposar, detener, estancar, estabilizar, sentar, posar, paralizar.

ANDRAJO
Sinónimos: Trapo, trapajo, harapo, arrapo, colgajo, pingo, guiñapo, jirón, descosido, desgarrón, remiendo.
Antónimos: Gala, adorno, ornamento, aderezo, atavío, compostura, perifollo, etiqueta.

ANESTESIAR
Sinónimos: Adormecer, narcotizar, embotar.

ANEXAR
Sinónimos: Anejar, conexionar, agregar, adjuntar, adherir, añadir, apeñuscar, arracimar, asociar, acoplar, amalgamar, enlazar, empalmar, englobar, vincular, juntar, incorporar, unir, adscribir.
Antónimos: Separar, desunir, desgajar.

ANFIBIO
Sinónimos: Batracio.

ÁNGEL
Sinónimos: Arcángel, querubín, querube, serafín, enviado, mensajero, espíritu de luz, espíritu celeste.
Antónimos: Diablo, demonio, tentador, Satán, Leviatán, Mefistófeles, Satanás, Belial, Asmodeo, Astaroth.

ANGOSTO
Sinónimos: Estrecho, reducido, ceñido, apretado.

ANIMADO
Sinónimos: Vivo, vital, activo.
Antónimos: Inanimado, inerte, muerto.

ANIMAL
Sinónimos: Bestia, bruto, bicho, alimaña.
Antónimos: Planta, vegetal, árbol, arbusto, mata, hierba, fronda, espesura.

ANIMAR
Sinónimos: Alentar, estimular, instigar, excitar.
Antónimos: Desanimar, desalentar, descorazonar, acobardar, abatir, decaer.

ANIQUILAR
Sinónimos: Destruir, extinguir, exterminar, extirpar, desarraigar, masacrar, devastar, destrozar, arrasar.
Antónimos: Crear, engendrar, concebir, generar, producir, idear, inventar, conservar, mantener, preservar.

ANODINO
Sinónimos: Insustancial, insulso, insípido, banal.
Antónimos: Interesante, ameno, atractivo, atrayente, cautivador, sugestivo.

ANÓNIMO
Sinónimos: Secreto, arcano, oculto, sigiloso, misterioso, ignorado, inédito.
Antónimos: Fama, renombre, gloria, reputación, aureola, popularidad, celebridad.

ANORMALIDAD
Sinónimos: Perturbación, desquiciamiento, desequilibrio, crisis.
Antónimos: Normalidad, regularidad, naturalidad, equilibrio, perfección.

ANTECÁMARA
Sinónimos: Antedespacho, vestíbulo, *hall*.
Antónimos: Recámara, trastienda, alcoba.

ANTERIORIDAD
Sinónimos:
Antónimos: Posteriodad, retraso, demora, porvenir, ulterior, venidero, siguiente, detrás, después, luego.

ANTIESTÉTICO
Sinónimos: Feo, abigarrado, barroco, extravagante.
Antónimos: Estético, artístico, hermoso, estilizado, grácil, lindo, bonito, elegante.

ANTIGUO
Sinónimos: Anticuado, remoto, obsoleto, ancestral, primitivo, arcaico, viejo, vetusto, añejo.
Antónimos: Moderno, reciente, flamante, nuevo, actual, *in*, contemporáneo.

ANTIPÁTICO
Sinónimos: Desagradable, hostil, huraño, desabrido, arisco, repulsivo, áspero, brusco, grosero, odioso, adusto, hosco.
Antónimos: Simpático, atrayente, agradable, amable, cordial, afectuoso, cortés.

ANULAR
Sinónimos: Revocar, eliminar, derogar, suprimir, invalidar.
Antónimos: Aprobar, confirmar, ratificar.

ANVERSO
Sinónimos: Frente, cara, derecho, faz.
Antónimos: Reverso, envés, dorso, vuelta, cruz, respaldo, espalda, posterior.

AÑADIR
Sinónimos: Agregar, acrecentar, ampliar, aumentar, sumar.
Antónimos: Reducir, restar, mermar.

APAGAR
Sinónimos: Extinguir, sofocar, matar.
Antónimos: Encender, prender, incendiar, inflamar, quemar, incinerar, socarrar, chamuscar.

APARECER
Sinónimos: Manifestarse, mostrarse, revelarse, dibujarse, presentarse.
Antónimos: Desaparecer, ocultarse, esconderse.

APARIENCIA
Sinónimos: Ilusión, sombra, espejismo, alucinación, ficción, sueño, simulacro, amago.
Antónimos: Realidad, efectividad, verdad, entidad.

APÁTICO
Sinónimos: Dejado, indolente, abúlico, asténico, débil, apocado, pusilánime.
Antónimos: Enérgico, firme, brioso.

APLASTAR
Sinónimos: Machacar, prensar, chafar, apisonar, allanar.
Antónimos: Levantar, abombar, mullir.

APLAUDIR
Sinónimos: Palmotear, ovacionar, aclamar, vitorear, jalear, aprobar, alabar.
Antónimos: Protesta, abuchear, silbar, pitar, patear, gritar, abroncar.

APODERADO
Sinónimos: Representante, procurador, abogado, agente, habilitado, secretario, albacea, administrador.
Antónimos: Poderdante, comitente, representado, amo, jefe, principal, superior.

APODERAR(SE)
Sinónimos: Apropiarse, quedarse, adueñarse, coger, robar, arrebatar, ocupar.
Antónimos: ceder, dejar, entregar.

APODO
Sinónimos: Sobrenombre, mote, remoquete, alias, pseudónimo, sosias.
Antónimos: Nombre, denominación, título, advocación, epígrafe, rótulo, letrero, inscripción, etiqueta, marca, cédula, expresión.

APOGEO
Sinónimos: Auge, esplendor, plenitud, magnificencia, cumbre, *súmmum*.
Antónimos: Ruina, decadencia, perdición.

APOSTASÍA
Sinónimos: Abjuración, retractación, negación, descatolizar, renegar, contradecirse.
Antónimos: Conversión, arrepentimiento, enmienda, confesión, acatamiento, reconciliación.

APOYADO
Sinónimos: Recostado, sostenido, sustentado, asentado, colocado, posado.
Antónimos: Suspendido, pendiente, colgado, flotante, levantado, funámbulo, trapecista.

APRECIAR
Sinónimos: Estimar, considerar, distinguir, reconocer, valuar, valorar, aquilatar, tasar.
Antónimos: Despreciar, desestimar, menospreciar, desoír, desconsiderar, desechar, humillar.

APRENDER
Sinónimos: Instruirse, aprovechar, aplicarse, estudiar, leer, progresar.
Antónimos: Desaprovechar, incultura.

APRETAR
Sinónimos: Estrechar, apretujar, oprimir, atenazar, estrujar, comprimir, prensar, pisotear, aprisionar, achuchar, apelmazar, recalcar, agarrotar.
Antónimos: Aflojar, desapretar, soltar.

APROBAR
Sinónimos: Admitir, aceptar, autorizar, sancionar, refrendar, aquiescencia, beneplácito, consentimiento, consenso, conformidad, otorgar, apoyar.
Antónimos: Suspender, desaprobar, denegar, desautorizar, rechazar, recusar.

APTO
Sinónimos: Competente, capacitado, hábil, idóneo, dispuesto, solvente, documentado, práctico, preparado.
Antónimos: Inepto, inhábil, incompetente, frustrado, torpe, incapaz, ignorante, inútil.

ARBITRAR
Sinónimos: Mediar, intermediar, fallar, dictaminar, decidir, juzgar.
Antónimos: Abstenerse, inhibirse.

ARGUCIA
Sinónimos: Sofisma, paralogismo, impostura, paradoja.
Antónimos: Razonamiento, argumentación.

ARGUMENTAR
Sinónimos: Razonar, argüir, demostrar, refutar, analizar.

ARISTA
Sinónimos: Borde, ángulo, esquina, escuadra, cantón.
Antónimos: Chaflán, ochava, achaflanadura.

ARRAIGAR
Sinónimos: Afianzarse, afincarse, prender, fijarse, incrustarse.
Antónimos: Desarraigar, extirpar.

ARREGLAR
Sinónimos: Componer, apañar, reparar, subsanar.
Antónimos: Desarreglar, estropear, descomponer, desbaratar, romper, desgarrar, destrozar, quebrar, despedazar, deteriorar, desquiciar, desarticular.

ARRENDAR
Sinónimos: Alquilar, contratar, fletar, traspasar, subarrendar, prestar.
Antónimos: Desalojar, rescindir, despedir, desahuciar.

ARREPENTIMIENTO
Sinónimos: Pesar, dolor, pésame, sentimiento, contrición, atrición, compunción, remordimiento.
Antónimos: Impenitencia, contumacia.

ARRIBA
Sinónimos: Encima, alto, sobre, cénit, sumo, supra.
Antónimos: Abajo, debajo, sótano, subterráneo, bajo, subsuelo, profundo.

ARRIESGADO
Sinónimos: Osado, audaz, atrevido, imprudente, arrojado, resuelto.
Antónimos: Precavido, prudente, pusilánime.

ASALTAR
Sinónimos: Acometer, afrontar, agredir, arremeter, atacar, cargar, lanzarse.
Antónimos: Escapar, huir, hurtarse, retirarse, retroceder.

ASALTO
Sinónimos: Acometida, agresión, arremetida, ataque, carga, embate, envite, embestida.
Antónimos: Defensa, fortificación, protección.

ASAR
Sinónimos: Chamuscar, dorar, rehogar.
Antónimos: Helar, refrigerar.

ASCENSOR
Sinónimos: Montacargas.

ASCENDER
Sinónimos: Subir, trepar, escalar, elevarse, alzarse, auparse, adelantar.
Antónimos: Descender, bajar, retroceder.

ASCO
Sinónimos: Disgusto, náusea, repugnancia, repulsión, arcada.
Antónimos: Apetito, atracción, deseo, gusto.

ASEGURAR
Sinónimos: Aclarar, afirmar, aseverar, cerciorar, certificar, comprobar, confirmar.
Antónimos: Dubitar, dudar, negar, recelar.

ASENTIR
Sinónimos: Consentir, aprobar, aceptar, afirmar, acceder, autorizar.
Antónimos: Negar, discrepar, rechazar, desaprobar.

ASIENTO
Sinónimos: Banco, banqueta, butaca, canapé, diván, escaño, poltrona, silla, sillón, sitial, sofá, taburete, tumbona.

ASIR
Sinónimos: Agarrar, coger, prender, tomar.
Antónimos: Abandonar, aflojar, dejar, soltar, desprenderse.

ASISTIR.
Sinónimos: Ayudar, intervenir, socorrer, vigilar.
Antónimos: Descuidar, estorbar, inhibirse.

24

ASNO
Sinónimos: Borrico, burro, jumento, onagro, pollino, rucio.

ASOCIACIÓN.
Sinónimos: Agrupación, alianza, compañía, mutualidad, comunidad, cooperativa, confraternidad.
Antónimos: Cisma, desacuerdo, desavenencia, descuido, divorcio, escisión.

ASOMAR
Sinónimos: Aflorar, aparecer, destacar, emerger.
Antónimos: Desaparecer, hundirse, sumergirse.

ASPECTO
Sinónimos: Actitud, aire, cara, catadura, ceño, facha, fisonomía, jeta, planta, porte, tipo.

ÁSPERO
Sinónimos: Abrupto, basto, bronco, ceñudo, desabrido, desapacible, escabroso, escarpado, fragoso, hosco, intratable, ordinario, raposo, rígido, rugoso.
Antónimos: Agradable, aterciopelado, fino, melifluo, pulimentado, satinado, sedoso, suave.

ASPIRAR
Sinónimos: Ambicionar, anhelar, ansiar, desear.
Antónimos: Rechazar, rehusar.

ASQUEROSO
Sinónimos: Inmundo, nauseabundo, repelente, repugnante, repulsivo, sucio.
Antónimos: Agradable, atractivo, limpio, neto, puro.

ASTRONOMÍA
Sinónimos: Cosmogonía, cosmografía.

ASTUCIA
Sinónimos: Añagaza, artería, artimaña, cuquería, estratagema, marrullería, picardía, retrechería, sagacidad, señuelo, sutileza, treta.
Antónimos: Candidez, candor, ingenuidad, inocencia.

ASTUTO
Sinónimos: Artero, cuco, diestro, ladino, lagarto, malicioso, mañero, maquiavélico, pícaro, sagaz, sutil.
Antónimos: Cándido, incauto, ingenuo, inocente, papanatas, sencillo, simple, sincero.

ASUNTO
Sinónimos: Empresa, faena, labor, manejo, negocio, ocupación, quehacer, tarea, trabajo.

ASUSTAR
Sinónimos: Acobardar, amedrentar, amilanar, atemorizar, espantar, intimidar.
Antónimos: Animar, calmar, sosegar, tranquilizar.

ATACAR
Sinónimos: Abordar, acometer, agredir, arremeter, embestir, iniciar.
Antónimos: Abandonar, escapar, huir, pacificar, inhibirse.

ATAR
Sinónimos: Abotonar, abrochar, amarrar, anudar, asegurar, ceñir, encadenar, enlazar, esposar, ligar, liar, sujetar, trabar, trincar.
Antónimos: Desamarrar, desatar, desenlazar, desliar, desligar, desvincular.

ATAÚD
Sinónimos: Caja, féretro, sarcófago.

ATEMORIZAR(SE)
Sinónimos: Asustar, amedentrar, amilanar, espantar, aterrar.
Antónimos: Animar, espolear, envalentonar.

ATENCIÓN
Sinónimos: Admiración, advertencia, aplicación, cautela, consideración, contemplación, cuidado, curiosidad, diligencia, meditación, observación, reflexión, vigilancia.
Antónimos: Atolondramiento, aturdimiento, desatención, descuido, distracción.

ATENTO
Sinónimos: Afable, afectuoso, amable, comedido, considerado, cortés, obsequioso, respetuoso.
Antónimos: Atolondrado, desatento, descortés, distraído, ensimismado, olvidadizo.

ATEO
Sinónimos: Escéptico, impío, incrédulo, infiel, irreligioso.
Antónimos: Creyente, devoto, fiel, piadoso, religioso.

ATESTAR
Sinónimos: Abarrotar, apretujar, atarugar, atiborrar, henchir, llenar, rellenar, atestiguar, testificar, testimoniar.
Antónimos: Desocupar, sacar, vaciar, verter.

ATORMENTAR
Sinónimos: Torturar, martirizar, abrumar, inquietar, desazonar, afligir.
Antónimos: Serenar, sosegar, tranquilizar, consolar.

ATRASAR
Sinónimos: Rezagar, retrasar, posponer, retardar, demorar, diferir, aplazar.
Antónimos: Adelantar, anticipar, madrugar, anteponer, avanzar, atajar.

ATREVIDO
Sinónimos: Animoso, decidido, valeroso, determinado, templado, osado, audaz, resuelto, arriscado, emprendedor, desenvuelto, desenfadado, fresco, insolente.
Antónimos: Miedoso, medroso, pusilánime, asustadizo, timorato, pacato, temeroso, aprensivo, tímido, cuitado, despavorido.

ATROFIA
Sinónimos: Consunción, raquitismo, degeneración, atonía, debilitación, distrofia.
Antónimos: Hipertrofia, desarrollo, abultamiento, obesidad.

AUDAZ
Sinónimos: Osado, atrevido, arrojado, arriscado, intrépido, arriesgado, emprendedor, aventurero, descarado, arribista, valiente.
Antónimos: Tímido, encogido, asustadizo, parado, apocado, pusilánime, vergonzoso, corto, retraído.

AUGURAR
Sinónimos: Vaticinar, adivinar, presagiar, pronosticar, conjeturar.

AUMENTAR
Sinónimos: Agrandar, engrandecer, ampliar, amplificar, engrosar, acrecentar, acrecer, incrementar, intensificar, sobrepasar, exceder, pujar, medrar, arreciar, progresar, avanzar, difundirse, extenderse, expandirse, recrudecerse, abultarse, hinchar, doblar, multiplicar, acentuar, superlativo, exageración, hipérbole, ampulosidad, hipertrofia.
Antónimos: Disminuir, amenguar, aminorar, minorar, amortiguar, ceder, decrecer, remitir, amainar, moderar, mitigar, atenuar, corregir, aplacar, achicar, descongestionar, reducir, diezmar, mermar, entibiar, aflojar, flaquear, quitar, restar, descontar, deducir, rebajar, regatear, reducir, cercenar, menoscabar, acortar, restringir.

AUSENTE
Sinónimos: Inasistente, incomparecencia, alejado, olvidado, ido.
Antónimos: Presente, circunstante, asistente, concurrente, concursante, espectador, testigo.

AUTOCRACIA
Sinónimos: Absolutismo, despotismo, tiranía, dictadura, opresión, autoritarismo, totalitarismo, oligarquía.
Antónimos: Democracia, parlamentarismo, constitucionalismo, republicanismo, socialismo, colectivismo.

AUTORIDAD
Sinónimos: Gobernante, gobernador, gobierno, superioridad, jerarquía, dignatario, justicia, policía, dirigente, caudillo, responsable, mandamás, jefe, director, intendente, rector, regente, presidente, mando, capitoste, jerifalte, patrón, capataz, encargado, gerente.
Antónimos: Súbdito, subordinado, gobernado, dependiente, inferior, ciudadano, vasallo, siervo, criado, fámulo, feudatario.

AVANZAR
Sinónimos: Progresar, adelantar, ganar.
Antónimos: Retroceder, regresar, cejar, recular, desandar, retirarse, replegarse.

AVARICIA
Sinónimos: Codicia, avidez, ambición, tacañería, ruindad, roñosería, mezquindad, cicatería, usura.
Antónimos: Largueza, generosidad, altruismo, magnanimidad, desprendimiento, despilfarro, dilapidación, dadivoso.

AVISAR
Sinónimos: Anunciar, advertir, notificar, comunicar, exponer, informar.
Antónimos: Ocultar, omitir.

AYUDAR
Sinónimos: Cooperar, coadyuvar, colaborar, auxiliar, asistir, favorecer, proteger, auspiciar, facilitar, apoyar, secundar, reforzar, contribuir.
Antónimos: Estorbar, entorpecer, dificultar, impedir, evitar, conjurar, contrarrestar, oponerse, impedir, interferir, obstaculizar, interceptar.

AYUNAR
Sinónimos: Abstenerse, privarse.
Antónimos: Comer, engullir, alimentarse, yantar, sustentarse, sostenerse, glotonear, devorar, nutrirse, cebarse.

AZARARSE
Sinónimos: Avergonzarse, ruborizarse, aturdirse, turbarse, apocarse.

AZOTAR
Sinónimos: Vapulear, flagelar, zurrar, sacudir, varear.

AZOTE
Sinónimos: Golpe, cachete, manotazo, bofetada, cate, sopapo, guantada, mamporro, coscorrón, soplamocos, torta, puñetazo, capirotazo, revés.
Antónimos: Caricia, mimo, cariño, halago, beso, ósculo, abrazo, zalamería, cucada, arrumaco, carantoña, embeleco, coqueteos.

B

BACALAO
Sinónimos: Abadejo, bacalada, curadillo.

BACHE
Sinónimos: Hoyo, socavón, depresión, rodera.

BACILO
Sinónimos: Bacteria, microbio, micrococo, microorganismo, virus.

BAFLE
Sinónimo: Altavoz.

BAGAJE
Sinónimos: Pertrechos, arreos, impedimentos, bastimento.

BAILAR
Sinónimos: Bailotear, contonearse, danzar, voltear.

BAILARÍN
Sinónimos: Bailador, bayadera, coreógrafo, chica de conjunto, danzante, danzarín, saltarín.

BAILE
Sinónimos: Ballet, coreografía, danza, festival, fiesta, guateque, kermés, sarao, verbena.

BAJAR
Sinónimos: Apear, arrear, caer, decaer, descender, precipitarse, resbalar, rodar, agacharse, decrecer, degradar, deprimir, disminuir, rebajar.
Antónimos: Alzar, ascender, avanzar, crecer, elevar, enarbolar, encaramar, encumbrar, erguir, escalar, izar, levantar, remontar, subir, trepar.

BAJO
Sinónimos: Achaparrado, chico, desmedrado, enano, liliputiense, menudo, pigmeo, retaco, despreciable, plebeyo, rastrero, ruín, vulgar.
Antónimos: Alto, cimero, crecido, elevado, eminente, encumbrado, esbelto, espigado, mocetón, prominente.

BALA
Sinónimos: Bulto, fardo, paca, proyectil, balarrasa, tarambana.

BALANCE
Sinónimos: Arqueo, cómputo, confrontación, cuenta, liquidación, contoneo, oscilación, vaivén, vacilación.

BALANCEAR
Sinónimos: Cabecear, columpiar, equilibrar, igualar, mecer, dudar, titubear, vacilar.

BALANZA
Sinónimos: Báscula, romana, duda, juicio, peso, titubeo.

BALBUCIR
Sinónimos: Balbucear, farfullar, chapurrear, tartamudear.

BALCÓN
Sinónimos: Azotea, camón, galería, mirador, terrado, terraza, ventana.

BALDE
Sinónimos: Cubo, pozal; gratis, gratuito, regalado; en balde, en vano, inútilmente.

BALDÍO
Sinónimos: Yermo, estéril, árido, infecundo‖vano, inútil, innecesario.
Antónimos: Fértil, feraz, fructífero‖útil, aprovechable.

BALDOSA
Sinónimos: Azulejo, ladrillo.

BALLESTA
Sinónimos: Arco, catapulta, muelle.

BALÓN
Sinónimos: Esférico, pelota, balón de oxígeno.

BÁLSAMO
Sinónimos: Alivio, consulo, calmante, remedio‖barniz, resina, goma‖medicina, medicamento.

BANAL
Sinónimos: Anodino, trivial, insustancial, vano, fútil.
Antónimos: Profundo, denso, sólido.

BANCO
Sinónimos: Asiento, banca, banquillo, caja de ahorros, caja de cambio.

BANDA
Sinónimos: Conjunción, fanfarria, música, orquesta, cinta, condecoración, distintivo, faja, lista, venda, lado, costado, bandada, cuadrilla, facción, grupo, pandilla.

BANDEJA
Sinónimos: Batea, fuente, plato.

BANDERA
Sinónimos: Distintivo, divisa, emblema, enseña, estandarte, gallardete, insignia, lábaro, pabellón, pendón.

BANDIDO
Sinónimos: Bandolero, criminal, delincuente, facineroso, gánster, malhechor, salteador.

BANDO
Sinónimos: Arenga, aviso, edicto, orden, pregón, bandería, facción.

BANDOLERO
Sinónimos: Bandido, malhechor, delincuente, rufián.

BANQUERO
Sinónimos: Financiero, capitalista, bolsista.

BANQUETE
Sinónimos: Convite, ágape, festín, fiesta.

BAÑAR
Sinónimos: Asperjar, empapar, humedecer, inundar, irrigar, lavar, macerar, mojar, regar, rociar, sumergir, untar.

BAÑERA
Sinónimos: Cisterna, fuente, pila, piscina, tina.

BAÑO
Sinónimos: Ablución, ducha, inmersión, lavatorio, pediluvio, remojón, sumersión, zambullida.

BAR
Sinónimos: Ambigú, barra, bufé, café, cafetería, cantina, cervecería, *snack-bar,* taberna, tasca.

BARAJA
Sinónimos: Cartas, naipes.

BARATIJA
Sinónimos: Bagatela, bisutería, chatarra, churrería, fruslería, futesa, nonada, zarandaja.
Antónimos: Alhaja, brillante, diamante, filigrana, gema, joya, perla, presea.

BARATO
Sinónimos: Asequible, de lance, de ocasión, económico, ganga, módico, rebajado, saldo.
Antónimos: Antieconómico, caro, costoso, dispendioso, inasequible.

BÁRBARO
Sinónimos: Bestia, bruto, burro, cerril, feroz, grosero, incivil, inculto, salvaje, tosco, vándalo.
Antónimos: Civilizado, cortés, delicado, educado, fino, humano.

BARCA
Sinónimos: Balandro, batel, bote, canoa, chalupa, embarcación, esquife, fueraborda, gabarra, góndola, lancha, lanchón, piragua, trainera, yola.

BARRA
Sinónimos: Alzaprima, lingote, palanca; bajío, bajo de arena, línea de puerto.

BARRANCO
Sinónimos: Acantilado, derrumbadero, despeñadero, foso, foz, hoya, precipicio, quebrada, sima.

31

BARREÑO
Sinónimos: Aguamanil, bacía, cubeta, fregadero, jofaina, lavabo, lavamanos, palangana, pila.

BARRER
Sinónimos: Escobar, pasar la escoba.

BARRERA
Sinónimos: Antepecho, cerca, contrabarrera, empalizada, muro, obstáculo, parapeto, valla.

BARRIL
Sinónimos: Barrica, bocoy, bota, cuba, pipa, tonel.

BARRIO
Sinónimos: Barriada, distrito, suburbio.

BARRO
Sinónimos: cieno, fango, légamo, limo, lodo.

BARRUNTAR
Sinónimos: Sospechar, conjeturar, suponer, inferir, presentir, vislumbrar.

BASE
Sinónimos: Apoyo, basamento, cimiento, espigón, fundamento, gozne, peana, pedestal, pivote, quicio, raíz, soporte, sostén.
Antónimos: Alto, ápice, arriba, cima, cumbre, cúspide, elevación, pináculo.

BASTANTE
Sinónimos: Asaz, congruo, harto, sobrado, suficiente.

BASTARDO
Sinónimos: Adulterino, ilegítimo, inclusero, natural.

BASTÓN
Sinónimos: Báculo, bordón, cachava, caduceo, cayado, maza, palo, pértiga, tirso.

BASURA
Sinónimos: Desperdicio, inmundicia, porquería, restos, sobras, suciedad.

BATA
Sinónimos: Albornoz, batín, guardapolvo, quimono, sobretodo.

BATALLA
Sinónimos: Acción, ataque, combate, contienda, contraataque, choque, desafío, encuentro, escaramuza, guerra, guerrilla, lid, lucha, ofensiva, pelea, pugna, torneo.

BATERÍA
Sinónimos: Batería de artillería, de cocina, de iluminación, de música, conjunto, fila, grupo, hilera.

BATIR
Sinónimos: Agitar, golpear, percutir, arrollar, derrotar, luchar, vencer, explorar, reconocer, registrar.

BAZAR
Sinónimos: Tienda, comercio, establecimiento.

BEATIFICAR
Sinónimos: Glorificar, santificar.
Antónimos: Anatemizar, condenar, reprobar, vituperar.

BEATO
Sinónimos: Bienaventurado, fervoroso, gazmoño, mojigato, piadoso, santo, santurrón, virtuoso.
Antónimos: Ateo, blasfemo, impío, irreligioso, sacrílego.

BEBER
Sinónimos: Abrevar, alegrarse, catar, chisparse, degustar, emborracharse, embriagarse, empinar el codo, libar, soplar, sorber, trincar.
Antónimos: Abstenerse, privarse.

BEBIDA
Sinónimos: Brebaje, cocción, filtro, infusión, jarabe, licor, líquido, néctar, tisana.
Antónimos: Alimento, comestible, comida, condumio, maná, manjar, pitanza, provisiones, vianda, vitualla, víveres.

BECERRO
Sinónimos: Eral, novillo, ternero, torillo.
Antónimos: Buey, toro, vaca.

BEDEL
Sinónimos: Celador, conserje, ordenanza, portero, ujier, vigilante.

BELICOSO
Sinónimos: Agresivo, batallador, belicista, bélico, beligerante, guerrero, marcial, pendenciero, pugnaz.
Antónimos: Humilde, indiferente, mansueto, neutral, pacífico, tranquilo.

BELLEZA
Sinónimos: Apostura, beldad, bizarría, donaire, donosura, encanto, galanura, gallardía, gentileza, gracia, hermosura, lindeza, preciosidad.
Antónimos: Deformidad, fealdad, monstruosidad, torpeza.

BELLO
Sinónimos: Atractivo, apuesto, bizarro, bonito, gracioso, hermoso, gallardo.
Antónimos: Adefesio, deforme, desgraciado, engendro, feo, horrible, horroroso.

BENDICIÓN
Sinónimos: Consagración, signo sagrado.
Antónimos: Anatema, condenación.

BENEFICIENCIA
Sinónimos: Asistencia, atención, ayuda, benevolencia, caridad, favor, filantropía, humanidad, humanitarismo, limosna, magnanimidad, misericordia.
Antónimos: Animosidad, malevolencia, perjuicio.

BESAR
Sinónimos: Besuquear.

BIBLIA
Sinónimos: Historia Sagrada, Sagrada Escritura.

BIBLIOTECA
Sinónimos: Hemeroteca, librería.

BICOCA
Sinónimos: Beneficio, breva, enchufe, mina, momio, prebenda, sinecura.
Antónimos: Carga, cruz, engorro, «hueso», mochelo, papeleta, pejiguera.

BIEN
Sinónimos: Acertadamente, admirablemente, concienzudamente, convenientemente, correctamente, exactamente, justamente, perfectamente, sabiamente, caudal, hacienda, patrimonio, propiedad, prosperidad, provecho, recurso, riqueza, tesoro.
Antónimos: Defectuosamente, desastrosamente, lamentablemente, mal, malamente, neciamente, perversamente, pésimamente, calamidad, catástrofe, daño, desastre, desdicha, desperfecto, estrago, infortunio, pérdida, perjuicio, quebranto.

BIENESTAR
Sinónimos: Abundancia, comodidad, felicidad, holgura, paz, prosperidad, satisfacción, tranquilidad, ventura.
Antónimos: Calamidad, desdicha, desgracia, desventura, escasez, estrechez.

BIGOTE
Sinónimos: Bozo, mostacho.

BILLETE
Sinónimos: Abono, asiento, boleto, bono, carta, cédula, contraseña, entrada, localidad, papel moneda, resguardo, talón, tique, vale.

BIOGRAFÍA
Sinónimos: Currículum vítae, hazañas, hechos, historia, perfil, retrato, semblanza.
Antónimos: Cuento, fantasía, novela.

BISOÑO
Sinónimos: Novato, inexperto, novel, aprendiz.

BLANCO
Sinónimos: Albino, albo, almidonado, argénteo, armiño, cándido, canoso, claro, ebúrneo, encalado, enjalbegado, jalbegado, marmóreo, níveo, pálido, diana, tiro.
Antónimos: Ahumado, azabachado, luto, negro, oscuro, sombrío, tiznado.

BLANDO
Sinónimos: Agradable, apacible, dúctil, fláccido, flexible, fofo, maleable, mórbido, muelle, pastoso, plegadizo, suave, tierno.
Antónimos: Acerado, áspero, consistente, duro, resistente, rígido, tenaz, tieso.

BLANQUEAR
Sinónimos: Encalar, encanecer, enjalbegar, jalbegar.
Antónimos: Ahumar, enlutar, ensombrecer, tiznar.

BLASFEMIA
Sinónimos: Execración, imprecación, maldición.
Antónimos: Jaculatoria, letanía, oración, plegaria.

BLASÓN
Sinónimos: Armas, divisa, escudo, gloria, heráldica, honor.

BLINDAR
Sinónimos: Proteger, revestir, forrar, fortificar, resguardar.

BLOQUEAR
Sinónimos: Asediar, cercar, rodear, sitiar.
Antónimos: Comunicar, desbloquear, salir.

BOBO
Sinónimos: Badulaque, ceporro, estafermo, estúpido, fatuo, gaznápiro, ignorante, imbécil, lelo, lerdo, necio, obtuso, panoli, papanatas, pasmado, pasmarote, sandio, simple, tardo, tonto, torpe, zafio, zopenco, zoquete.
Antónimos: Agudo, águila, astuto, avisado, avispado, despabilado, despejado, despierto, lince, listo, sagaz, precoz, vivillo, vivo.

BOCA
Sinónimos: Agujero, apertura, buzón, cavidad oral, embocadura, entrada, fauces, hocico, jeta, labios, «morros», orificio, pico.

BOCADO
Sinónimos: Dentellada, mordedura, mordida, mordisco, refrigerio, piscolabis, tentempié.
Antónimos: Bebida, líquido.

BOCETO
Sinónimos: Apunte, borrador, bosquejo, croquis, diseño, esbozo, esquema, minuta, proyecto, prueba, sinopsis.
Antónimos: Ejecución, realización.

BOCINA
Sinónimos: Caracola, claxon, cuerno, trompeta.

BODA
Sinónimos: Casamiento, connubio, coyunda, desposorio, enlace, himeneo, matrimonio, nupcias, unión, yugo.
Antónimos: Celibato, doncellez, soltería, virginidad.

BODEGA
Sinónimos: Cantina, cava, figón, sótano, soterrado, subterráneo, taberna, tasca.

BOFETADA
Sinónimos: Cachete, sopapo, torta, tortazo, guantazo.

BOLA
Sinónimos: Balón, esférico, pelota; arana, bulo, embuste, mentira, paparrucha, patraña, trola.
Antónimos: Axioma, historia, postulado, verdad.

BOLETÍN
Sinónimos: Gaceta, revista.

BÓLIDO
Sinónimos: Aerolito, estrella fugaz, meteorito.

BOLSA
Sinónimos: Bolsillo, bolso, cartera, faltriquera, macuto, portamonedas, talega, zurrón.

BOMBA
Sinónimos: Ariete, granada, mina, obús, proyectil, torpedo.

BONDAD
Sinónimos: Benignidad, clemencia, dulzura, humanidad, indulgencia, mansedumbre, simpatía, virtud.
Antónimos: Animosidad, crueldad, enemiga, impiedad, maldad, malevolencia, malignidad, malquerencia, odiosidad, perversidad, vicio.

BORDE
Sinónimos: Canto, extremo, filo, margen, orilla, hijo natural.

BORRACHO
Sinónimos: Ajumado, alegre, alumbrado, bebido, beodo, «colocado», curda, chispo, dipsómano, ebrio, emborrachado, embriagado, «iluminado», «mamado».
Antónimos: Abstemio, natural, normal, «seco», sereno, tranquilo.

BORRAR
Sinónimos: Esfumar, raer, raspar, rayar, suprimir, tachar.

BORRASCA
Sinónimos: Ciclón, chubasco, galerna, marejada, tempestad, tifón, tormenta.

BOSQUE
Sinónimos: Arboleda, boscaje, espesura, floresta, matorral, selva, soto.

BOTAR
Sinónimos: Saltar, brincar, rebotar.

BOTELLA
Sinónimos: Ánfora, bota, cantimplora, damajuana, envase, frasco, garrafa, jarra, recipiente, redoma.

BOXEADOR
Sinónimos: Luchador, púgil.

BOYA
Sinónimos: Baliza, flotador, guíndola, señal.

BRACERO
Sinónimos: Jornalero, obrero, peón, trabajador.
Antónimos: Amo, capataz, dueño, jefe, patrón.

BRAVURA
Sinónimos: Valor, coraje, arrojo, entereza, audacia.
Antónimos: Cobardía, pusilanimidad.

BRAZALETE
Sinónimos: Ajorca, joya, pulsera.

BRAZO
Sinónimos: Antebrazo, extremidad, húmero, miembro; apoyo, ayuda, poder, protección, sostén, valor; clase, estamento.

BREVE
Sinónimos: Compendioso, conciso, corto, efímero, escueto, fugaz, lacónico, lapidario, pequeño, resumido, sinóptico, sucinto, sumario, telegráfico.
Antónimos: Difuso, dilatado, durable, duradero, eterno, extenso, grandilocuente, inacabable, interminable, kilométrico, largo, permanente, prolijo, prolongado, redundante.

BRIBÓN
Sinónimos: Canalla, golfo, granuja, pícaro, pillastre, pillo, tuno, tunante.
Antónimos: Bueno, correcto, digno, honorable.

BRILLANTE
Sinónimos: Esplendente, esplendoroso, deslumbrante, joya, reluciente, relumbrante, resplandeciente.
Antónimos: Apagado, deslucido, deslustrado, empañado, mate.

BRÍO
Sinónimos: Auge, denuedo, empuje, entereza, fuerza, pujanza, vehemencia.
Antónimos: Debilitación, decaimiento, declive, flaqueza.

BROMA
Sinónimos: Burla, chanza, guasa, inocentada, mofa, chacota.

BRONCA
Sinónimos: Alborozo, cisco, escándalo, gresca, jarana, marimorena, pendencia, trifulca, zipizape.
Antónimos: Calma, pausa, paz, orden, tregua.

BRUSCO
Sinónimos: Áspero, rudo, descortés, bronco, hosco.

BRUTAL
Sinónimos: Animal, bárbaro, bestial, cerril, cruel, extraordinario, fenomenal, feroz, formidable, salvaje.
Antónimos: Afable, asequible, civilizado, cortés, educado, galante, humano, sociable, suave, tratable.

BUENO
Sinónimos: Benévolo, benigno, bondadoso, caritativo, ejemplar, excelente, honorable, humanitario.
Antónimos: Avieso, canalla, condenado, desalmado, diabólico, endemoniado, energúmeno, facineroso.

BURDO
Sinónimos: Tosco, zafio, basto, ordinario.
Antónimos: Refinado, educado, pulido, cortés.

BURLA
Sinónimos: Afrenta, vaya, baldón, befa, broma, bufonada, cuchufleta, chacota, chanza, chirigota, choteo.
Antónimos: Circunspección, formalidad, mesura, seriedad, solemnidad.

BUSCAR
Sinónimos: Averiguar, bucear, compulsar, escrutar, escudriñar, espiar, explorar, huronear, husmear, inquirir, inspeccionar, investigar, rastrear, rebuscar, registrar, sondear.

BUSTO
Sinónimos: Torso, pecho.

C

CABALLERO
Sinónimos: Hidalgo, galán, noble, señor, prócer.
Antónimos: Rufián, flamenco, marchoso, sinvergüenza, canalla, alcahuete, villano, ruín.

CABALLO
Sinónimos: Corcel, rocín, jamelgo, rocinante, potro, trotón, jaco, penco, percherón, alazán.
Antónimos: Yegua, jaca, potranca, potra.

CABELLO
Sinónimos: Pelo, cabellera, melena, pelambre.

CABER
Sinónimos: Entrar, contener, coger.

CABEZA
Sinónimos: Testa, chola, «coco», «tarro», molondra, mollera, testuz, calavera, capitel.
Antónimos: Cola, rabo, rabillo, rabadilla, extremidad, apéndice.

CACHARRO
Sinónimos: Cachivache, utensilio, trasto, bártulo.

CADUCAR
Sinónimos: Acabar, finalizar, terminar, decaer.
Antónimos: Empezar, iniciar.

CAER
Sinónimos: Desplomarse, tropezar, sucumbir, arruinar, derrumbar, bajar, descender, abatirse, perecer, morir.
Antónimos: Levantar, enderezar, incorporar, erguir, aupar, empinar, elevar, subir, izar.

CALAMIDAD
Sinónimos: Desgracia, desastre, catástrofe, desdicha||inhábil, torpe, incapaz.
Antónimos: Fortuna, suerte, dicha||mañoso, diestro, hábil.

CALENTAR(SE)
Sinónimos: Caldear, entibiar, templar||irritarse, enfadarse, excitarse.
Antónimos: Enfriar, refrigerar||tranquilizarse, serenarse.

CALIDAD
Sinónimos: Clase, índole, modalidad; tónica, condición, carácter, genio, natural, sentido, espíritu; rango, esfera, orden, jerarquía, viso, fuste, categoría.
Antónimos: Cantidad, cuantía, número, dato, estadística, cupo.

CALIENTE
Sinónimos: Cálido, caldeado, caluroso, abrasado, bochornoso, tropical, calenturiento, ardiente, enfebrecido, ardoroso, templado, tibio.
Antónimos: Frío, fresco, helado, congelado, glacial, polar, invernal, gélido, frígido, refrigerado.

CALIFICAR
Sinónimos: Caracterizar, valorar, graduar, baremar.

CALMA
Sinónimos: Serenidad, tranquilidad, bochorno, pausado, lento, calmo, calmoso.
Antónimos: Tempestad, tormenta, borrasca, huracán, chubasco, vendaval, ventolera, ciclón, remolino.

CALUMNIAR
Sinónimos: Infamar, desacreditar, deshonrar, ofender.
Antónimos: Honrar, elogiar, alabar.

CALZARSE
Antónimos: Descalzarse.

CALLAR
Sinónimos: Enmudecer, omitir, reservar, silenciar.
Antónimos: Conversar, charlar, hablar.

CALLE
Sinónimos: Arteria, avenida, bulevar, calleja, callejón, callejuela, carrera, circunvalación, coso, paseo, rambla, ronda, rúa, vía.

CALLO
Sinónimos: Callosidad, dureza, rugosidad.

CAMA
Sinónimos: Camastro, cama turca, camilla, catre, diván, hamaca.

CAMARADA
Sinónimos: Compañero, colega, amigo, correligionario.

CAMARERA
Sinónimos: Azafata, doncella, moza, muchacha, sirvienta.

CAMARERO
Sinónimos: Ayuda de cámara, *barman*, criado, *maître*, mayordomo, mozo, servidor.

CAMBIAR
Sinónimos: Alterar, alternar, cambalachear, camuflar, canjear, conmutar, chalanear, deformar, desviar, disfrazar, enmendar, metamorfosear, modificar, mudar, permutar, reemplazar, reformar, renovar, subrogar, suplantar, suplir, sustituir, transformar, trasegar.

CAMELAR
Sinónimos: Galantear, lisonjear, piropear, seducir.

CAMELLO
Sinónimos: Dromedario.

CAMILLA
Sinónimos: Ambulancia, andas, angarilla, cama, litera, palanquín, parihuela.

CAMINO
Sinónimos: Atajo, cañada, carretera, carril, medio, manera, procedimiento, ruta, senda, sendero, trocha, vereda, vericueto, vía, viaje.

CAMPANA
Sinónimos: Campanilla, carillón, cascabel, cencerro, cimbalillo, címbalo, esquila, *gong*.

CAMPANARIO
Sinónimos: Campanil, minarete, torre.

CAMPEÓN
Sinónimos: As, atleta, defensor, héroe, líder, *number one*, paladín, *recordman*, vencedor.

CAMPESINO
Sinónimos: Agreste, agrícola, agricultor, aldeano, aparcero, boyero, campero, campestre, colono, cultivador, destripaterrones, labrador, labriego, mediero, rural, rústico, vaquero.
Antónimos: Ciudadano, urbano.

CAMPO
Sinónimos: Agro, barbecho, campiña, cultivo, chacra, finca, granja, hacienda, heredad, huerto, latifundio, pastizal, posesión, prado, predio, sembrado, terreno.

CANAL
Sinónimos: Acequia, acueducto, albañal, alcantarillado, canalón, caño, colector, conducto, gárgola, reguera, sifón, tubería, tubo.

CANALLA
Sinónimos: Ruin, miserable, vil, sinvergüenza.
Antónimos: Honrado, noble, magnánimo.

CANCELA
Sinónimos: Reja, verja.

CANCELAR
Sinónimos: Anular, abolir, suprimir, prescindir, eliminar.
Antónimos: Promulgar, establecer, instaurar.

CÁNCER
Sinónimos: Carcinoma, epitelioma, neoplasia, metástasis, neoplasma, tumor.

CANDOR
Sinónimos: Candidez, ingenuidad, inocencia, sencillez, simplicidad.
Antónimos: Maldad, malicia, perversidad.

CANSADO
Sinónimos: Abatido, agotado, ahíto, débil, derrengado, desanimado, desmadejado, exánime, exhausto, extenuado, fatigado, harto, laso, postrado, quebrantado.
Antónimos: Eficiente, enérgico, fuerte, gallardo, potente, vigoroso, vivaz.

CANTIDAD
Sinónimos: Abundancia, cifra, cuantía, dosis, número, surtido.

CANTO
Sinónimos: Aria, borde, bulerías, canción, cantilena, fandango, guijarro, habanera, himno, jota, margen, orilla, piedra, ritornelo, salmodia, sevillanas, soleares, tango, villancico, zorcico.

CAÑADA
Sinónimos: Barranco, quebrada.

CAPA
Sinónimos: Albornoz, capa pluvial, capote, chilaba, chubasquero, esclavina, impermeable, manto, mantón, poncho, tabardo.

CAPACIDAD
Sinónimos: Aforo, aptitud, cabida, competencia, destreza, habilidad, idoneidad, inteligencia, pericia, talento, virtuosismo.
Antónimos: Negación, impericia, torpeza.

CAPCIOSO
Sinónimos: Artificioso, engañoso, insidioso.

CAPITAL
Sinónimos: Esencial, básico, vital, primordial‖riqueza, caudal, dinero, hacienda, bienes.
Antónimos: Accidental, secundario, prescindible.

CAPTURAR
Sinónimos: Apresar, prender, detener, aprehender.
Antónimos: Liberar.

CARA
Sinónimos: Anverso, faz, fisonomía, hocico, jeta, rostro.
Antónimos: Cogote, nuca, occipucio.

CARDAR
Sinónimo: Peinar.
Antónimos: Despeinar, desmadejar.

CARENTE
Sinónimos: Ayuno, despojado, desprovisto, exento, falto, indigente, manco, privado, vacío.
Antónimos: Adornado, depositario, dotado, provisto.

CARGAR
Sinónimos: Acometer, achacar, apechugar, apoyar, arremeter, atacar, atribuir, colgar, embestir, enojar, fastidiar, estribar, gravar, gravitar, henchir, hastiar, importunar, imputar, irritar, molestar, oprimir, rellenar, sobrecargar, sobrellevar.
Antónimos: Descargar, retirarse, retroceder.

CARIDAD
Sinónimos: Abnegación, altruismo, amor, beneficencia, benevolencia, compasión, desinterés, filantropía, humanitarismo, magnanimidad, misericordia, piedad.
Antónimos: Envidia, odio, crueldad.

CARNICERO
Sinónimos: Carnívoro, sanguinario.
Antónimos: Herbívoro, pacífico.

CARO
Sinónimos: Amado, antieconómico, apreciable, apreciado, costoso, dispendioso, elevado, estimable, inasequible, querido.
Antónimos: Aborrecido, bajo, barato, despreciado, económico, módico, odiado, rebajado, tirado.

CARRERA
Sinónimos: Camino, corrida, curso, estudios, fortuna, incursión, profesión, prosperidad, recorrido, trayecto, trayectoria.

CARRO
Sinónimos: Autobús, autocar, automóvil, camión, carreta, carretón, carromato, carruaje, coche, cupé, diligencia, furgoneta, limusina, tartana, trolebús, vagón, vehículo, volquete.

CARTUCHERA
Sinónimos: Canana, correaje.

CASA
Sinónimos: Albergue, alcázar, alojamiento, alquería, apartamento, bloque, buhardilla, *bungalow*, cabaña, castillo, caserío, casucha, cortijo, cuartel, chabola, chalé, domicilio, edificio, finca, granja, habitación, hacienda, hogar, inmueble, mansión, masía, mesón, morada, pabellón, posada, rascacielos, refugio, residencia, torre.

CASAR(SE)
Sinónimos: Enlazarse, desposarse, contraer nupcias.
Antónimos: Separarse, divorciarse.

CASCADA
Sinónimos: Catarata, salto de agua.

CASTAÑA
Sinónimos: Marrón, pilonga.

CASTIDAD

Sinónimos: Abstinencia, continencia, decoro, integridad, pudicia, pudor, pureza, virginidad.

Antónimos: Concupiscencia, contubernio, corrupción, deshonestidad, fornicación, impudicia, impureza, lascivia, libídine, liviandad, lubricidad, lujuria, prostitución, rijosidad, torpeza.

CASUAL

Sinónimos: Accidental, aleatorio, contingente, eventual, fortui-to, imprevisto, inoperante, ocasional.

Antónimos: Firme, preordenado, preparado, predispuesto, previsto, querido, seguro, sólido.

CATALEJO

Sinónimos: Anteojo, binoculares, gemelos, telescopio.

CATARRO

Sinónimos: Constipado, expectoración, mucosidad, resfriado, romadizo, tos.

CATÁSTROFE

Sinónimos: Calamidad, cataclismo, desastre, desventura, ruina.

CAUTELA

Sinónimos: Astucia, circunspección, desconfianza, precaución, recato, reserva, duda.

Antónimos: Confianza, descuido, ligereza, volubilidad.

CAUTIVERIO

Sinónimos: Cautividad, esclavitud, prisión.

Antónimos: Albedrío, emancipación, independencia.

CAVIDAD

Sinónimos: Álveo, alvéolo, cauce, caverna, concavidad, cuenco, cueva, excavación, hoyo, hueco, seno.

CEDER

Sinónimos: Aflojar, capitular, cejar, curvarse, dar, doblarse, doblegarse, flaquear, rendirse, replegarse, romperse, someterse, transferir, traspasar.

Antónimos: Aguantar, rebatir, rechazar, repeler, resistir, soportar, sostener, sufrir.

CEGAR

Sinónimos: Alucinar, atascar, cerrar, deslumbrar, engañar, obcecar, obstruir, obturar, ofuscar, tapar.

Antónimos: Columbrar, distinguir, divisar, escrutar, ver, vislumbrar.

CÉLEBRE

Sinónimos: Conocido, distinguido, famoso, glorioso, ilustre, ínclito, insigne, memorable, renombrado.

Antónimos: Desconocido, ignorado, ignoto, oscuro.

CELERIDAD
Sinónimos: Actividad, diligencia, presteza, prontitud, rapidez, velocidad.
Antónimos: Calma, flema, lentitud, pachorra, tardanza, demora.

CELESTE
Sinónimos: Celestial, divino, paradisiaco.
Antónimos: Demoniaco, diabólico, infernal, satánico.

CÉLIBE
Sinónimos: Núbil, soltero, virgen.
Antónimos: Casado.

CELO
Sinónimos: Asiduidad, cuidado, desvelo, diligencia, esmero, interés, preocupación, solicitud.
Antónimos: Apatía, dejadez, descuido, desinterés, despreocupación, incuria, indiferencia, inercia.

CELOS
Sinónimos: Duda, recelo, rivalidad, sospecha, temor.
Antónimos: Confianza, satisfacción, seguridad.

CEMENTERIO
Sinónimos: Camposanto, catacumba, necrópolis, panteón, última morada.

CENSURAR
Sinónimos: Condenar, criticar, desacreditar, desaprobar, fustigar, juzgar, murmurar, reprender, reprobar, sentenciar, tachar, tildar, vituperar.
Antónimos: Alabar, aprobar, elogiar, encomiar, honrar, aplaudir, lisonjear.

CERA
Sinónimos: Estearina.

CEREMONIA
Sinónimos: Rito, ceremonial, culto, solemnidad.

CERROJO
Sinónimos: Cerradura, pestillo, tranca, pasador.

CHABACANO
Sinónimos: Grosero, tosco, zafio, soez, ordinario.
Antónimos: Refinado, elegante, fino, culto.

CHABOLA
Sinónimos: Barraca, bohío, cabaña, caseta, cubril, cuchitril, chamizo, choza.
Antónimos: Alcázar, castillo, chalé, palacio, quinta, residencia, torre, villa,

CHAFLÁN
Sinónimos: Achaflanadura, bisel.
Antónimos: Arista, cantón, diedro, escuadra, esquina, rinconada.

CHAQUETA
Sinónimos: Americana, cazadora, chaqué, chaquetilla, chaquetón, frac, levita, pelliza, esmoquin, zamarra.

CHARLA
Sinónimos: Conversación, cháchara, discurso, habladuría, monserga, palabrería, parloteo, plática, tabarra, tostón.
Antónimos: Hermetismo, mutismo, laconismo, silencio.

CHARLAR
Sinónimos: Hablar, conversar, dialogar.
Antónimos: Callar.

CHARLATÁN
Sinónimos: Correveidile, cotilla, chismoso, embaucador, gárrulo, hablador, lenguaraz, locuaz, parlanchín, sacamuelas, vocinglero.
Antónimos: Callado, cazurro, hermético, mudo, reconcentrado.

CHATO
Sinónimos: Achatado, aplanado, aplastado, chafado, embotado, romo, vasito pequeño.
Antónimos: Afilado, agudo, aguzado, narigudo, narizotas, picudo, puntiagudo.

CHEPA
Sinónimos: Cifosis, córcova, giba, joroba, saliente, «prótesis», «camello», «dromedario», jorobado.
Antónimos: Cavidad, entrante.

CHIMENEA
Sinónimos: Campana, excavación minera, fogón; cañoncito de la recámara de un arma de fuego, conducto de contrapesos de los escenarios teatrales.

CHISTE
Sinónimos: Agudeza, chascarrillo, chirigota, donaire, gracia, ocurrencia, «salida».
Antónimos: Bobada, sosada, tontería.

CHÓFER
Sinónimos: Automovilista, conductor, piloto.

CHORRO
Sinónimos: Goteo, jeringazo, reguero, rociada, surtidor.

CHUPAR
Sinónimos: Absorber, aspirar, embeber, empapar, extraer, libar, mamar, sacar, sorber, succionar.
Antónimos: Desprender, exhalar, rezumar, segregar, sudar, transpirar.

CIERTO
Sinónimos: Auténtico, axiomático, claro, demostrado, efectivo, evidente, exacto, fidedigno, incontestable, indiscutible, indudable, inequívoco, infalible, innegable, irrefutable, fehaciente, manifiesto, palmario, positivo, real, seguro.

Antónimos: Apócrifo, discutible, dubitativo, dudoso, equivocado, erróneo, hipotético, incierto, inexacto, inseguro, problemático, utópico, supuesto.

CINE
Sinónimos: Cinema, cinematógrafo, cineteca, filmoteca.

CÍNICO
Sinónimos: Descarado, desvergonzado, insolente.
Antónimos: Sincero, franco, honrado.

CIRCULAR
Sinónimos: Curvado, curvo, redondo‖notificación, aviso, folleto‖andar, recorrer, transitar, deambular.

CÍRCULO
Sinónimos: Ámbito, arandela, aureola, casino, centro recreativo, ateneo, circunferencia, club, halo, nimbo, perímetro, recinto, redondel, rodaja, rotonda, ruedo, sociedad, peña.
Antónimos: Cuadrilátero, hexágono, pentágono, polígono, triángulo.

CIRCUNLOCUCIÓN
Sinónimos: Ambages, circunloquio, eufemismo, perífrasis, rodeo.

CIRCUNSCRIPCIÓN
Sinónimos: Barriada, barrio, demarcación, distrito, cantón, territorio.

CÍTARA
Sinónimos: Arpa, bandurria, guitarra, lira.

CÍVICO
Sinónimos: Civil, ciudadano, municipal, patriótico.

CIVILIZACIÓN
Sinónimos: Afabilidad, avance, cortesía, cultura, florecimiento, ilustración, progreso, prosperidad.
Antónimos: Barbarie, descortesía, incultura, rusticidad, salvajismo.

CLAMAR
Sinónimos: Exclamar, gemir, gritar, lamentarse.
Antónimos: Callar, silenciar.

CLARABOYA
Sinónimos: Lucera, lumbrera, tragaluz.

CLARO
Sinónimos: Abierto, agudo, blanco, categórico, comprensible, concluyente, cristalino, despejado, despierto, diáfano, esclarecido, evidente, explícito, franco, iluminado, ilustre, inequívoco, inteligible, límpido, lúcido, luciente, luminoso, manifiesto, meridiano, nítido, obvio, paladino, palmario, patente, puro, reluciente, sereno, sincero, terminante, terso, transparente, visible, vivo.
Antónimos: Abstracto, borroso, brumoso, confuso, cubierto, embrollado, enrevesado, enmarañado, intrincado, laberíntico, liado, lóbrego, nuboso, oscuro, tenebroso.

CLAVE
Sinónimos: Cifra, código secreto.

CLAVO
Sinónimos: Perno, punta, tachuela, tornillo.

CLIENTE
Sinónimos: Comprador, frecuentador, parroquiano, fiel, usuario.

CLOACA
Sinónimos: Albañal, alcantarilla, desagüe, pozo negro, sumidero.

COBARDE
Sinónimos: Encogido, gallina, medroso, miedoso, pusilánime, tímido, «arrugado».
Antónimos: Animoso, arrojado, esforzado, valiente, conquistador, atrevido.

COBRADOR
Sinónimos: Colector, recaudador, recolector.

COCER
Sinónimos: Cocinar, guisar.

CODICIA
Sinónimos: Avaricia, avidez, afán, ambición.
Antónimos: Desinterés, desprendimiento.

COHIBIDO
Sinónimos: Tímido, apocado, abrumado.

COLECCIONISTA
Sinónimos: Colector.

COLEGA
Sinónimos: Amigo, camarada, compañero.

CÓLERA
Sinónimos: Irritación, furia, rabia, ira, arrebato.
Antónimos: Tranquilidad, calma, sosiego, serenidad.

COLGAR
Sinónimos: Pender, suspender, enganchar.
Antónimos: Descolgar.

COLOCAR
Sinónimos: Situar, poner, ubicar, acomodar, instalar.

COMBATIR
Sinónimos: Luchar, batallar, guerrear, contender, pelear.
Antónimos: Rendirse, claudicar.

COMPETIR
Sinónimos: Luchar, combatir, pugnar, concursar, medirse, rivalizar.

COMPLACER
Sinónimos: Satisfacer, agradar, halagar, contentar.
Antónimos: Desagradar, molestar.

COMPRIMIR
Sinónimos: Apretar, contener, estrujar, oprimir, reprimir, sujetar.
Antónimos: Aflojar, desahogar.

COMÚN
Sinónimos: Corriente, frecuente, general, genérico, normal, ordinario, usual, vulgar.
Antónimos: Específico, excepcional, extraordinario.

COMUNICAR
Sinónimos: Anunciar, avisar, dar parte, informar, infundir, difundir, inocular, notificar, participar.
Antónimos: Aislar, callar, silenciar.

CONCEBIR
Sinónimos: Imaginar, percibir, pensar, intuir||engendrar, procrear, embarazar.

CONCEDER
Sinónimos: Adjudicar, otorgar, dar, dispensar, conferir, asignar.
Antónimos: Denegar, negar.

CONCLUSIÓN
Sinónimos: Consecuencia, deducción, epílogo, fin, final, resolución, resultado, terminación.
Antónimos: Comienzo, inicio, exordio, premisa, previa, principio, introducción, prólogo.

CONDUCIR
Sinónimos: Llevar, transportar, trasladar, acarrear.

CONFIANZA
Sinónimos: Crédito, esperanza, fe, franqueza, intimidad, llaneza, seguridad, tranquilidad.
Antónimos: Desconfianza, descrédito, duda, embarazo, empacho, sospecha.

CONFUSIÓN
Sinónimos: Anarquía, barahúnda, babel, bochorno, caos, desconcierto, desorden, duda, desbarajuste, embrollo, enredo, fárrago, mezcolanza, abigarramiento, perturbación, perplejidad, turbación, vergüenza, descrédito.
Antónimos: Armonía, claridad, distinción, método, concierto, orden, organización, regla, seguridad, tranquilidad.

CONOCIMIENTO
Sinónimos: Discernimiento, entendimiento, erudición, inteligencia, juicio, noción, noticia, razón, rudimento, saber.

CONQUISTAR
Sinónimos: Invadir, dominar, tomar, adueñarse, someter.

CONSCIENTE
Sinónimos: Lúcido, despierto, atento.
Antónimos: Inconsciente.

CONSEJO
Sinónimos: Admonición, advertencia, aviso, dictamen, enseñanza, exhortación, indicación, instrucción, junta, opinión, parecer, reunión, sugerencia.
Antónimos: Mandato, orden, precepto.

CONSENTIR
Sinónimos: Acceder, tolerar, facultar, admitir, asentir.
Antónimos: Rechazar, oponerse, resistirse, impedir.

CONSOLAR
Sinónimos: Animar, calmar, confortar, distraer, reanimar, serenar, tranquilizar.
Antónimos: Abatir, atribular, desanimar.

CONSONANCIA
Sinónimos: Acuerdo, armonía, concordancia, conformidad, correspondencia, proporción, relación, unísono.
Antónimos: Desacuerdo, disconformidad, discordancia, disonancia.

CONTEMPORÁNEO
Sinónimos: Actual, coetáneo, coexistente, simultáneo, sincrónico.
Antónimos: Anacrónico, antiguo, arcaico, obsoleto, diacrónico.

CONTER(SE)
Sinónimos: Abarcar, incluir, englobar, comprender||reprimir, refrenar, moderar, serenar, reportar.
Antónimos: Rebelarse.

CONTRADECIR
Sinónimos: Rebatir, refutar, impugnar, replicar, negar, rectificar.

CONTRARIO
Sinónimos: Adversario, adverso, antagonista, atinómico, antípoda, antónimo, contradictorio, contrapuesto, enemigo, hostil, opuesto, reverso, rival.
Antónimos: Amigo, coincidente, favorable, simpatizante.

CONTRIBUIR
Sinónimos: Cooperar, ayudar, auxiliar, coadyuvar, aportar.

CONTUMAZ
Sinónimos: Obstinado, pertinaz, pesado, porfiado, rebelde, recalcitrante, tenaz.
Antónimos: Arrepentido, comprometido, sumiso, dócil.

CORAJE
Sinónimos: Ánimo, arrojo, atrevimiento, audacia, cólera, corazón, enojo, furia, impavidez, intrepidez, rabia, redaños, temeridad.
Antónimos: Miedo, horror, pavor, pusilanimidad, temor, pánico, terror.

CORDIAL
Sinónimos: Abierto, afectuoso, afable, amable, caluroso, cariñoso, expansivo, comunicativo, extrovertido, franco, hospitalario, sincero, sociable.
Antónimos: Adusto, cerrado, desabrido, frío, insociable, introvertido, misántropo, solitario.

CORRER
Sinónimos: Galopar, tratar, acelerar, apresurarse.
Antónimos: Tardar, retrasarse, parar.

CORRIDA
Sinónimos: Becerrada, lidia, novillada, carrera.

CREAR
Sinónimos: Componer, engendrar, establecer, fundar, hacer, instaurar.
Antónimos: Abolir, aniquilar, destruir, exterminar.

CRESTA
Sinónimos: Copete, moño, penacho, protuberancia, cima, cumbre, pico.

CUERDO
Sinónimos: Lúcido, juicioso, normal, cabal, equilibrado, prudente, reflexivo, sesudo.
Antónimos: Loco, perturbado, trastornado, alienado, demente, desequilibrado.

CUERPO
Sinónimos: Materia, barro, soma, humanidad, corpulencia.
Antónimos: Alma, espíritu, *psyché*, ánima, conciencia, subconsciencia.

CUIDAR
Sinónimos: Guardar, custodiar, atender, celo, control, velar, inspeccionar.
Antónimos: Descuidar, abandonar, desatender, desinteresarse, despreocuparse, olvidar.

CULPABLE
Sinónimos: Responsable, reo, comprometido, encausado, delincuente.
Antónimos: Inocente, irresponsable.

CUMBRE
Sinónimos: Cima, cúspide, pináculo, remate, ápice.
Antónimos: Base, apoyo, cimientos, fundamento, soporte, puntal, sostén, pilar, asiento, pedestal, peana, pie.

D

DÁDIVA
Sinónimos: Donativo, obsequio, presente, regalo, oferta, entrega.
Antónimos: Cicatería, mezquindad, roñosería, ruindad, avaricia, tacañería.

DANCING
Sinónimos: Baile, *boîte*, guateque, *night-club*, salón de baile.

DANTESCO
Sinónimos: Espantoso, terrible, pavoroso, horroroso, aterrador, tremendo.

DANZAR
Sinónimos: Bailar, saltar, brincar.

DAÑO
Sinónimos: Avería, desperfecto, desventaja, deterioro, detrimento, *handicap*, lesión, mal, menoscabo, pérdida, perjuicio.
Antónimos: Beneficio, ganancia, utilidad, ventaja.

DAR
Sinónimos: Consignar, distribuir, enajenar, entregar, ofrecer, otorgar, proporcionar, regalar, acertar, adivinar, atinar; caer, topar; producir, redituar, rendir, rentar.
Antónimos: Errar, negar, privar, quitar, rechazar.

DEBATIR
Sinónimos: Discutir, polemizar, controvertir, rivalizar, litigar.

DÉBIL
Sinónimos: Asténico, apático, canijo, decaído, desfallecido, enclenque, endeble, enteco, exánime, flaco, fláccido, lánguido, pachucho, pusilánime.
Antónimos: Eficiente, enérgico, forzudo, fuerte, fornido, robusto, vigoroso.

DECADENCIA
Sinónimos: Descenso, degeneración, declive, caída, disminución.

DECAPITAR
Sinónimos: Ajusticiar, degollar, descabezar, desmochar, cercenar, guillotinar.

DECENCIA
Sinónimos: Compostura, decoro, dignidad, honestidad, moderación, modestia, recato.
Antónimos: Deshonestidad, indecencia, indignidad.

DECEPCIONAR
Sinónimos: Desilusionar, frustar, defraudar, desengañar.

DECIDIR
Sinónimos: Manifestar, expresar, exponer, anunciar, enunciar, declarar.

DECRETAR
Sinónimos: Mandar, legislar, regular, reglamentar, ordenar.

DEDICARSE
Sinónimos: Aplicarse, atender, consagrarse, darse, entregarse, ocuparse.
Antónimos: Desentenderse.

DEDUCIR
Sinónimos: Colegir, concluir, derivar, inferir, descontar, disminuir, rebajar, restar, sustraer.
Antónimos: Añadir, aumentar, sumar.

DEFECAR
Sinónimos: Evacuar, expeler.

DEFECTO
Sinónimos: Achaque, carencia, deficiencia, falta, imperfección, lacra, mancha, tara, tacha, vicio.
Antónimos: Atractivo, cualidad, don, dote, encanto, mérito, perfección, virtud.

DEFENSA
Sinónimos: Amparo, apología, apoyo, auxilio, baluarte, disculpa, escudo, exculpación, guarnición, justificación, profilaxis, protección, reparo, resguardo, tutela.
Antónimos: Acometida, acoso, agresión, asalto, ataque, carga, embestida, impugnación.

DÉFICIT
Sinónimos: Descubierto, escasez, falta, insuficiencia, pasivo.
Antónimos: Activo, excedente, remanente, resto, sobrante, saldo acreedor, superávit.

DEFRAUDAR
Sinónimos: Engañar, estafar, decepcionar, desengañar, malograr.

DEGENERAR
Sinónimos: Adulterarse, decaer, declinar, degradarse, depravarse, envilecerse, decaer, empeorar, perderse, pervertirse.
Antónimos: Corregir, elevarse, enmendar, ennoblecerse, mejorar, regenerar, renovar, restablecer, subir.

DEJAR
Sinónimos: Abandonar, apartar, soltar, aflojar, desamparar.

DELANTE
Sinónimos: Adelante, antes, principal, primero.
Antónimos: Atrás, después, detrás.

DELIBERAR
Sinónimos: Pensar, reflexionar, meditar, examinar, considerar, tratar, discutir.

DELINCUENTE
Sinónimos: Transgresor, malhechor, infractor, bandido, criminal.

DELIRAR
Sinónimos: Alucinar, desatinar, desbarrar, desvariar, disparatar, enajenarse, enloquecer, enfebrecer, excitarse, fantasear, soñar.
Antónimos: Comedir, razonar, reflexionar.

DEMASIADO
Sinónimos: Excesivo, exorbitante, sobrado, sobrante, superfluo.
Antónimos: Corto, escaso, insuficiente, limitado, poco, reducido.

DEMONIO
Sinónimos: Belcebú, diablo, Lucifer, Luzbel, maligno, Mefistófeles, Satán, Satanás, príncipe de las tinieblas, Belial, Baal, Astaroth.
Antónimos: Ángel, arcángel, espíritu puro.

DENSO
Sinónimos: Apiñado, apretado, arracimado, atestado, compacto, espeso.
Antónimos: Fofo, fluido, hueco, leve, ralo, vacuo.

DENUNCIAR
Sinónimos: Acusar, delatar, chivar, descubrir, revelar.
Antónimos: Disimular, encubrir, ocultar, tapar, ser cómplice.

DERRIBAR
Sinónimos: Abatir, arruinar, dejar *k.o.*, demoler, derrocar, derruir, derrumbar, desmantelar, despeñar, destruir, echar por tierra, echar por la borda, erradicar, hundir, postrar, rodar, tirar, prosternarse, tumbar, volcar.
Antónimos: Alzar, conservar, construir, edificar, erigir, fabricar, guardar, erguir, levantar.

DESAFIAR
Sinónimos: Afrontar, arrostrar, provocar, competir, pelear, retar, rivalizar, oponerse, enfrentarse, disputar.

DESAGRADABLE
Sinónimos: Aburrido, antipático, asqueroso, deplorable, desapacible, enfadoso, enojoso, fastidioso, ingrato, insoportable, irritante, molesto, odioso, repugnante.
Antónimos: Agradable, apacible, atractivo, deleitoso, divertido, grato, gustoso, hechicero, lisonjero, placentero, simpático.

DESAGRADAR
Sinónimos: Enfadar, enojar, molestar, incomodar, irritar, fastidiar.

DESAGRADECIDO
Sinónimos: Desmemoriado, ingrato, olvidadizo.
Antónimos: Agradecido, reconocido, obligado.

DESALOJAR
Sinónimos: Abandonar, cambiar, desahuciar, desembarazar, desocupar, despejar, echar, evacuar, expulsar, liberar, mudar.
Antónimos: Albergar, alojar, aposentar, cobijar, hospedar, ocupar.

DESAMPARAR

Sinónimos: Abandonar, dejar, desasistir, desatender, descuidar.
Antónimos: Amparar, asistir, auxiliar, ayudar, proteger, socorrer.

DESAPARECER

Sinónimos: Desvanecer, disipar, disolverse, eclipsarse, escamotear, esconderse, esfumar, evaporarse, fugarse, huir, liquidarse, ocultarse, volar.
Antónimos: Aflorar, aparecer, asomar, brotar, comparecer, emerger, manifestarse, mostrarse, nacer, presentarse, surgir.

DESAPROVECHAR

Sinónimos: Desperdiciar, malbaratar, derrochar, malgastar.

DESARROLLAR

Sinónimos: Acrecentar, alargar, ampliar, aumentar, crecer, desenrollar, dilatar, engrandecer, engrosar, expansionarse, explicar, exponer, extender, fomentar, incrementar, multiplicar, perfeccionar.
Antónimos: Compendiar, contener, enrollar, frenar, limitar, menguar, reducir, restringir.

DESCALIFICAR

Sinónimos: Desacreditar, desautorizar, deshonrar, incapacitar.
Antónimos: Autorizar, calificar, capacitar, habilitar, honrar.

DESCAMINAR

Sinónimos: Corromper, descarriar, desviar, extraviar, pervertir, viciar.
Antónimos: Convertir, encaminar, recuperarse, redimirse, rehabilitarse, sanar, volver al camino.

DESCENDIENTE

Sinónimos: cachorro, cría, delfín, epígono, heredero, prole, sucesor, vástago.
Antónimos: Antecesor, antepasado, ascendiente, mayor, progenitor.

DESCENSO

Sinónimos: Bajada, caída, decadencia, declive, degradación, pendiente.
Antónimos: Ascenso, elevación, subida.

DESCOLORAR

Sinónimos: Decolorar, descolorir, deslavazar, despintar, desteñir, desvair, esfumar, palidecer.
Antónimos: Arrebolar, colorear, matizar, pintar, subir de tono.

DESCOMPONER

Sinónimos: Desarreglar, desarticular, desbaratar, descoyuntar, desordenar, trastornar.
Antónimos: Arreglar, combinar, compaginar, componer, ordenar.

DESCONFIANZA

Sinónimos: Aprensión, duda, escama, incredulidad, inseguridad, miedo, prevención, recelo, sospecha, suspicacia, temor.
Antónimos: Confianza, fe, seguridad, tranquilidad.

DESCONOCIDO
Sinónimos: Anónimo, ignorado, ignoto, incógnito, inédito, inexplorado, oscuro.
Antónimos: Averiguado, conocido, descubierto, divulgado, notorio.

DESCONSOLADO
Sinónimos: Triste, abatido, amargado, disgustado, desesperanzado, afligido.

DESCONTENTADIZO
Sinónimos: Cicatero, «chinche», chinchorrero, desabrido, descontento, difícil, insatisfecho, melindroso, quejoso, remilgoso.
Antónimos: Campante, complacido, contento, encantado, rozagante, satisfecho, ufano.

DESCRIBIR
Sinónimos: Definir, delinear, detallar, dibujar, especificar, explicar, exponer, pintar, reseñar, trazar.

DESCUBRIR
Sinónimos: Evidenciar, revelar, mostrar, exhibir, destapar.
Antónimos: Ocultar, callar, tapar.

DESEAR
Sinónimos: Ambicionar, anhelar, ansiar, apetecer, codiciar, pretender, querer, suspirar por.
Antónimos: Despreciar, rechazar, rehusar, repeler, repugnar.

DESECHO
Sinónimos: Broza, desperdicio, despojo, escombro, escoria, hez, residuo, resto, sobras.
Antónimos: Flor y nata, escogido, selecto.

DESEMBARAZO
Sinónimos: Desenfado, desenvoltura, desparpajo.
Antónimos: Embarazo, encogimiento, torpeza.

DESEMBOCADURA
Sinónimos: Bocas, delta, desagüe, estuario, ría.

DESENGAÑO
Sinónimos: Chasco, decepción, desencanto, desilusión, disuasión, frustración.
Antónimos: Añagaza, dolo, engaño, error, ilusión, trampa.

DESENTONAR
Sinónimos: Disonar, discordar, desafinar, chocar, discrepar.

DESENVOLVER
Sinónimos: Desarrollar, descifrar, descubrir, desdoblar, desembrollar, desenredar, desplegar, devanar, dilatar, distender, expandir, explicar, extender.
Antónimos: Arrebujar, doblar, enrolar, envolver, ovillar, plegar, recoger, replegar.

DESENVUELTO
Sinónimos: Descarado, descocado, desvergonzado, imprudente.
Antónimos: Comedido, encogido, pudoroso, recatado, tímido, vergonzoso.

DESEO
Sinónimos: Afán, ambición, anhelo, ansia, antojo, apetencia, apetito, frenesí, gana, gula, pasión, sed, tentación.
Antónimos: Aversión, náusea, odio, repugnancia.

DESERTOR
Sinónimos: Fugitivo, prófugo, traidor, tránsfuga.
Antónimos: Fiel, leal.

DESESPERACIÓN
Sinónimos: Abatimiento, derrotismo, desaliento, desespero, pesimismo.
Antónimos: Confianza, esperanza, fe, ilusión, optimismo.

DESFLORAR
Sinónimos: Ajar, chafar, deslucir, desvirgar, estrenar, sobar.

DESGRACIA
Sinónimos: Adversidad, cataclismo, catástrofe, contrariedad, desastre, desdicha, desventura, fatalidad, infortunio, percance, peripecia, ruina.
Antónimos: Dicha, felicidad, fortuna, gracia, suerte, ventura.

DESHACERSE
Sinónimos: Consumirse, descomponerse, desfigurarse, desvanecerse, disolverse, esfumarse, estropearse, evaporarse.
Antónimos: Apañarse, componerse, hacerse, repararse.

DESIERTO
Sinónimos: Abandonado, deshabitado, despoblado, erial, estepa, landa, páramo, sabana, solitario, tundra, yermo.
Antónimos: Fértil, habitado, poblado, populoso.

DESINFECCIÓN
Sinónimos: Antisepsia, asepsia, depuración, desinsectación, esterilización, limpieza, purificación.
Antónimos: Infección, infestación, suciedad.

DESMAYO
Sinónimos: Desfallecimiento, desvanecimiento, lipotimia, mareo, síncope, soponcio.

DESNUDAR
Sinónimos: Desarropar, descubrirse, despojarse, desvestir.
Antónimos: Abrigarse, arropar, cubrirse, taparse, vestirse.

DESNUDO
Sinónimos: Calvo, descalzo, descubierto, desmantelado, despojado, en cueros, en pelota, privado, yermo, indigente, necesitado, pobre, patente, sin rebozo, sin rodeos.
Antónimos: Cubierto, encubierto, rico, tapado, vestido.

DESOBEDECER
Sinónimos: Contravenir, desmandarse, insubordinarse, rebelarse, transgredir, violar.
Antónimos: Acatar, conformarse, cumplir, obedecer, observar, secundar.

DESOLLAR
Sinónimos: Descortezar, descuerar, despellejar, desplumar, excoriar, mondar, pelar.

DESORDENAR
Sinónimos: Confundir, desbarajustar, descompaginar, descomponer, desconectar, embrollar, enmarañar, enredar, perturbar, revolver, trastornar.
Antónimos: Armonizar, articular, arreglar, concertar, coordinar, disponer, ordenar, organizar, regular.

DESPACIO
Sinónimos: Lentamente, pausadamente, poco a poco.
Antónimos: Aprisa, deprisa, pronto, rápidamente.

DESPEDIDA
Sinónimos: Adiós, licencia, partida, permiso, separación.
Antónimos: Acogida, bienvenida, recepción, recibimiento.

DESPRECIAR
Sinónimos: Desdeñar, desechar, desestimar, desoír, menospreciar, repudiar, subestimar, vilipendiar.
Antónimos: Apreciar, considerar, justipreciar, respetar, valorar.

DESPRESTIGIAR
Sinónimos: Denigrar, desacreditar, desautorizar, desenmascarar, deshonrar, difamar, infamar.
Antónimos: Acreditar, afamar, honrar, prestigiar, valorar.

DESTIERRO
Sinónimos: Confinamiento, deportación, exilio, extrañamiento, ostracismo, proscripción, relegación.
Antónimos: Regreso, repatriación, retorno, vuelta.

DESTINO
Sinónimos: Estrella, fortuna, hado, suerte, acomodo, colocación, empleo, ocupación, plaza, puesto, aplicación, consignación, designación, dirección, fin, finalidad.
Antónimos: Origen, principio, procedencia.

DESTRUIR
Sinónimos: Aniquilar, arrasar, arruinar, asolar, desbaratar, deshacer, destrozar, devastar.
Antónimos: Alzar, construir, edificar, erigir, fabricar, hacer, levantar.

DESVELAR
Sinónimos: Despavilar, despertar, quitar el sueño.
Antónimos: Adormecer, adormilar, dormir.

DESVERGONZADO
Sinónimos: Descarado, descocado, descomedido, deslenguado, fresco, impúdico, insolente, procaz, sinvergüenza.
Antónimos: Comedido, tímido, vergonzoso.

DETALLE
Sinónimos: Circunstancia, enumeración, expresión, fragmento, parcela, parte, particularidad, peculiaridad, porción, pormenor.
Antónimos: Generalidad, imprecisión, totalidad, vaguedad.

DETENER
Sinónimos: Atajar, estancar, frenar, parar, retener, suspender, aprehender, aprisionar, arrestar, coger, prender.
Antónimos: Impulsar, liberar, mover.

DETERIORADO
Sinónimos: Averiado, chafado, dañado, desbaratado, descacharrado, despedazado, desportillado, destrozado, desvencijado, estropeado, gastado, incompleto, imperfecto, maltrecho, mellado, menoscabado.
Antónimos: Excelente, flamante, inalterable, incólume, intacto, íntegro, nuevo, reparado.

DETERMINADO
Sinónimos: Arrojado, cierto, decidido, definido, delimitado, denodado, establecido, indicado, osado, precisado, prefijado, resuelto.
Antónimos: Difuminado, esfumado, impreciso, indefinido, indeterminado, irresoluto, vacilante, vago.

DEUDA
Sinónimos: Adeudo, compromiso, débito, letra comercial, obligación, pagaré, pasivo.

DEVASTAR
Sinónimos: Arrasar, arruinar, asolar, depredar, desolar, destruir, entregar a sangre y fuego, saquear.

DEVENIR
Sinónimos: Acaecer, acontecer, llegar a ser, mudar, pasar, sobrevenir, suceder, transformarse.

DEVOLVER
Sinónimos: Reintegrar, reponer, restituir.
Antónimos: Conservar, guardar, retener.

DEVOTO
Sinónimos: Creyente, fervoroso, fiel, piadoso, religioso; admirador, afecto, aficionado, apegado, entusiasta, partidario.
Antónimos: Agnóstico, ateo, impío, infiel; enemigo, hostil.

DÍA
Sinónimos: Alba, alborada, aurora, claridad, fecha, jornada, luz, madrugada.
Antónimos: Noche, ocaso, oscuridad, tinieblas.

DIAGONAL
Sinónimos: Atravesado, inclinado, oblicuo, sesgado, soslayado, torcido, transversal.
Antónimos: Derecho, recto, perpendicular, vertical.

DIÁLOGO
Sinónimos: Coloquio, conversación, cháchara, entrevista, interviú, palique, plática.
Antónimos: Alocución, disertación, monólogo, proclama, soflama, soliloquio.

DIAMANTE
Sinónimos: Brillante, naife, solitario.

DIBUJO
Sinónimos: Apunte, bosquejo, croquis, diagrama, diseño, esbozo, esquema, figura, ilustración, imagen, perfil, viñeta.

DICCIONARIO
Sinónimos: Enciclopedia, glosario, léxico, vocabulario.

DIENTE
Sinónimos: Dentadura, punta, resalte, saliente.

DIFERENCIA
Sinónimos: Desavenencia, desemejanza, desigualdad, discordancia, discrepancia, disimilitud, disonancia, disparidad, divergencia, diversidad.
Antónimos: Acuerdo, analogía, coincidencia, consonancia, igualdad, paridad, semejanza.

DIFERIR
Sinónimos: Aplazar, demorar, dilatar, retrasar, suspender.
Antónimos: Adelantar, anticipar, apresurar, avivar.

DIFÍCIL
Sinónimos: Arduo, complicado, dificultoso, duro, embarazoso, enrevesado, escabroso, espinoso, peliagudo.
Antónimos: Cómodo, fácil, factible, obvio, realizable, sencillo, viable.

DIFUNDIR
Sinónimos: Derramar, diseminar, divulgar, esparcir, extender, propagar, propalar.
Antónimos: Contener, ocultar, silenciar.

DIGERIR
Sinónimos: Absorber, asimilar, madurar, meditar.
Antónimos: Rechazar, expulsar, vomitar.

DILAPIDAR
Sinónimos: Despilfarrar, derrochar, malgastar.
Antónimos: Ahorrar, economizar.

DILIGENTE
Sinónimos: Activo, aplicado, asiduo, atento, celoso, concienzudo, cuidadoso, escrupuloso, esmerado, exacto, expeditivo, meticuloso, preciso, pronto, puntual, solícito.
Antónimos: Apático, descuidado, desidioso, flojo, holgazán, inactivo, indolente, negligente, perezoso.

DINERO
Sinónimos: Bienes, billetes, capital, contante y sonante, cuartos, divisa, efectivo, fondos, fortuna, metálico, mosca, numerario, oro, pasta, pecunia, plata.

DIOS
Sinónimos: Alá, Altísimo, Creador, dea, diosa, divinidad, Eterno, Hacedor, Hombre-Dios, Jehová, numen, Padre, Providencia, Señor, Ser Supremo.

DIQUE
Sinónimos: Espigón, malecón, muralla, muro.

DIRECTOR
Sinónimos: Directivo, dirigente, gerente, jefe, rector, regente.

DISCORDIA
Sinónimos: Cizaña, contradicción, contraste, desacuerdo, desavenencia, desunión, disensión, divergencia, enemistad, incompatibilidad, malhumor.
Antónimos: Armonía, avenencia, conciliación, concordia, conformidad, paz, unión.

DISCURSO
Sinónimos: Alocución, arenga, catilinaria, charla, disertación, disquisición, elocución, filípica, homilía, parlamento, perorata, reflexión, requisitoria, sermón.

DISCUTIR
Sinónimos: Argumentar, controvertir, debatir, disputar, estudiar, examinar, impugnar, razonar, tratar.

DISECCIÓN
Sinónimos: Anatomía, autopsia, necropsia, vivisección.

DISFRAZAR
Sinónimos: Camuflar, desfigurar, disimular, encubrir, enmascarar, simular, trucar.

DISGUSTAR
Sinónimos: Afligir, amargar, apenar, apesadumbrar, contrariar, contristar, desagradar, desazonar, enfadar, enojar, incomodar, malestar.
Antónimos: Alegrar, complacer, contentar, deleitar, gustar, satisfacer.

DISLOCACIÓN
Sinónimos: Distensión, distorsión, luxación.

DISMINUCIÓN
Sinónimos: Baja, descreimiento, depauperación, descenso, mengua, menoscabo, merma, reducción.
Antónimos: Aumento, crecimiento, engrandecimiento, enriquecimiento, incremento.

DISOLUCIÓN
Sinónimos: Derrumbamiento, desbaratamiento, descomposición, hundimiento, ruina.

DISOLVER
Sinónimos: Desleír, diluir, extender.
Antónimos: Concentrar, condensar.

DISPARAR
Sinónimos: Arrojar, descargar, explotar, hacer fuego, lanzar, tirar.

DISPARATE
Sinónimos: Absurdo, barbaridad, desatino, despropósito, dislate.
Antónimos: Acierto, tino.

DISTANCIA
Sinónimos: Diferencia, discrepancia, espacio, intersticio, intervalo, lejanía, separación, trecho.
Antónimos: Cercanía, proximidad, vecindad.

DISTENSIÓN
Sinónimos: Esguince, relajamiento, torcedura, relax, reposo.
Antónimos: Ansia, inquietud, preocupación, tensión.

DISTINTIVO
Sinónimos: Contraseña, divisa, galones, insignia, marca, señal.

DISTINTO
Sinónimos: Diferente, dispar, diverso, heterogéneo, otro, inteligible, preciso, egregio, elegante, eximio, noble, señorial.
Antónimos: Idéntico, igual, ordinario, plebeyo, tosco.

DISTRAÍDO
Sinónimos: Absorto, atolondrado, desatento, descuidado, desmemoriado, olvidadizo.
Antónimos: Alerta, atento, despierto, observador, reflexivo.

DISUADIR
Sinónimos: Desaconsejar, desengañar, desviar.
Antónimos: Aconsejar, convencer, persuadir.

DIVERSIÓN
Sinónimos: Deporte, distracción, entretenimiento, *hobby*, juego, pasatiempo, placer, recreo, solaz.
Antónimos: Aburrimiento, cansancio, empalago, enfado, fastidio, hastío, melancolía, tedio, tristeza.

DIVIDIR
Sinónimos: Distribuir, fraccionar, partir, repartir, desunir, enemistar, indisponer, malquistar.
Antónimos: Agrupar, aunar, juntar, unificar.

DIVINO
Sinónimos: Adorable, celestial, excelso, milagroso, paradisiaco, portentoso, providencial, sobrenatural.
Antónimos: Horrendo, humano, infernal, natural, pésimo, terrenal.

DIVORCIO
Sinónimos: Anulación, desacuerdo, desavenencia, descasamiento, desunión, división, repudio, ruptura, separación.
Antónimos: Casamiento, justas nupcias, maridaje, unión.

DOBLADILLO
Sinónimos: Borde, contorno, extremidad, frunce, margen, orillo, orla.

DOBLE
Sinónimos: Bifronte, bipartito, dual, duplo, gemelo, mellizo, par, pareja, artificioso, fingido, simulado.
Antónimos: Mitad, sencillo, simple, uno.

DOCENTE
Sinónimos: Ayo, catedrático, educador, instructor, maestro, monitor, pedagogo, preceptor, profesor.
Antónimos: Alumno, colegial, discente, discípulo, escolar, estudiante.

DOCTOR
Sinónimos: Facultativo, galeno, médico, profesor.

DOGMA
Sinónimos: Artículo de fe, axioma, base, creencia, fundamento, principio, verdad revelada.
Antónimos: Engaño, falsedad, mentira.

DOLOR
Sinónimos: Aflicción, amargura, angustia, daño, desconsuelo, desesperación, luto, malestar, padecimiento, pena, pesar, sufrimiento, tormento.
Antónimos: Agrado, alegría, complacencia, contento, delicia, fruición, goce, gozo, gusto, placer.

DOLORIDO
Sinónimos: Afligido, apenado, apesadumbrado, apesarado, atribulado, contristado, desconsolado, doliente, entristecido, melancólico, triste.

DOMESTICAR
Sinónimos: Adiestrar, amaestrar, amansar, desbravar, domar, dominar, reprimir, sujetar.
Antónimos: Embrutecer, enrudecer, rebelarse.

63

DOMINAR

Sinónimos: Avasallar, contener, descollar, domeñar, gobernar, predominar, reinar, reprimir, señorear, sobresalir, sojuzgar, someter, sujetar.

Antónimos: Acatar, bajar la cabeza, ceder, humillarse, obedecer, pasar por el aro.

DORMIR

Sinónimos: Adormecerse, adormilarse, aletargarse, amodorrarse, cabecear, descansar, dormitar, reposar, roncar, soñar.

Antónimos: Despertar, desvelarse, velar, vigilar.

DROGA

Sinónimos: Estupefaciente, medicamento, mejunje, potingue, tóxico.

DUDOSO

Sinónimos: Ambiguo, contestable, cuestionable, discutible, equívoco, incierto, indeciso, inseguro, perplejo, problemático, receloso, sospechoso, vacilante.

Antónimos: Claro, cierto, evidente, demostrado, incontestable, indudable, inequívoco, manifiesto, positivo.

DUELO

Sinónimos: Aflicción, compasión, desconsuelo, dolor, funeral, nostalgia, pena, combate, desafío, encuentro.

DUEÑO

Sinónimos: Amo, señor, patrono, propietario, patrón.

Antónimos: Sirviente, subordinado.

DULCE

Sinónimos: Afable, agradable, amable, apacible, bondadoso, complaciente, placentero, suave, azúcar, bizcocho, caramelo, confitura, crema, galleta, jalea, miel, nata, pastel, repostería, tarta.

Antónimos: Adusto, arisco, áspero, brusco, desabrido, desagradable, descortés, displicente; acibarado, amargo, desabrido.

DURAR

Sinónimos: Perdurar, permanecer, persistir, subsistir, vivir.

Antónimos: Cesar, morir, pasar.

DURO

Sinónimos: Compacto, consistente, férreo, inexorable, obstinado, resistente, sólido; cruel, exigente, fatigoso, penoso, riguroso, trabajoso; cinco pesetas.

Antónimos: Blando, dúctil, fofo, inconsistente, mórbido, muelle, mullido, pastoso, suave, tierno.

E

EBRIEDAD
Sinónimos: Arrobamiento, borrachera, embriaguez, enajenación, exaltación, éxtasis, rapto.
Antónimos: Abstemia, frugalidad, serenidad, sobriedad.

ECHAR
Sinónimos: Arrojar, atribuir, brotar, deponer, derramar, derribar, derrochar, despedir, destituir, estrellar, exhalar, expeler, expulsar, fulminar, inclinar, lanzar, poner, precipitar, proyectar, rechazar, reclinar, recostar, repeler, salir, tirar, verter.
Antónimos: Levantar, recoger.

ECLESIÁSTICO
Sinónimos: Sacerdote, clérigo, cura, padre, párroco.
Antónimos: Laico, secular, civil.

ECUÁNIME
Sinónimos: Objetivo, neutral, razonable, ponderado, mesurado, equitativo.
Antónimos: Subjetivo, parcial.

EDIFICAR
Sinónimos: Construir, levantar, fabricar, urbanizar, elevar.
Antónimos: Derruir, demoler, hundir.

EDITAR
Sinónimos: Publicar, imprimir, tirar, difundir.

EDUCACIÓN
Sinónimos: Adoctrinamiento, civilización, corrección, cortesía, crianza, cultura, delicadeza, enseñanza, formación, instrucción, refinamiento, urbanidad.
Antónimos: Cerrilidad, incultura, ineducación, ordinariez, rudeza, salvajismo, zafiedad.

EDUCADO
Sinónimos: Afable, amable, caballeroso, ceremonioso, condescendiente, correcto, cortés, culto, delicado, fino, galante, instruido, pulido, respetuoso, urbano.
Antónimos: Gamberro, incivil, inurbano, maleducado, descortés, grosero, rudo, rústico, cerril, patán, salvaje, tosco, zafio.

EDUCAR
Sinónimos: Adoctrinar, afinar, cultivar, desarrollar, dirigir, encaminar, enseñar, formar, instruir.
Antónimos: Malcriar, mimar, viciar.

EFECTO

Sinónimos: Consecuencia, corolario, deducción, derivación, desenlace, fruto, impresión, mercadería, mercancía, producto, reflejo, repercusión, respuesta, resultado, salida, secuela, sensación.

Antónimos: Causa, determinante, factor, fundamento, motivo, motor, origen.

EFICAZ

Sinónimos: Eficiente, capaz, seguro, fuerte, vigoroso.

Antónimos: Inactivo, ineficaz, inútil.

EGOÍSTA

Sinónimos:Ególatra, egocéntrico, interesado.

Antónimos: Altruista, filantrópico, generoso, humanitario.

EGREGIO

Sinónimos: Afamado, célebre, conspicuo, eminente, excepcional, famoso, ilustre, insigne, notable, preclaro.

Antónimos: Abyecto, bajo, depravado, despreciable, indigno, rastrero, ruin, vil.

EJECUTAR

Sinónimos: Ajusticiar, fusilar, eliminar, matar||hacer, realizar, efectuar, elaborar, emprender.

Antónimos: Perdonar, indultar||incumplir.

EJÉRCITO

Sinónimos: Armas, fuerza armada, hueste, milicia, soldados, soldadesca, tropa.

ELABORAR

Sinónimos: Hacer, fabricar, producir, confeccionar.

ELECCIÓN

Sinónimos: Opción, preferencia.

ELEGANCIA

Sinónimos: Buen gusto, distinción, donaire, finura, gracia, refinamiento, selección.

Antónimos: Cursilería, desaliño, descuido, desgaire, inelegancia, ordinariez.

ELEMENTAL

Sinónimos: Básico, conocido, evidente, fácil, fundamental, primario, primitivo, primordial, rudimentario, sencillo, simple.

Antónimos: Complejo, complicado, difícil, dificultoso, enmarañado, enredado, enrevesado.

ELEMENTO

Sinónimos: Componente, cuerpo simple, noción, parte, pieza, principio, rudimento.

ELENCO
Sinónimos: Catálogo, fichero, índice, inventario, lista, registro, repertorio, rol.

ELEVAR
Sinónimos: Subir, alzar, erguir, izar, aupar, levantar, remontar.
Antónimos: Bajar, descender.

ELOCUENTE
Sinónimos: Convincente, eficaz, expresivo, facundo, persuasivo, significativo.

ELOGIO
Sinónimos: Encomio, alabanza, loa, apología, ensalzamiento.
Antónimos: Reproche, crítica, vituperio, censura.

ELUDIR
Sinónimos: Evitar, sortear, soslayar, esquivar, capear, sustraerse.
Antónimos: Aceptar, afrontar, encararse.

EMANAR
Sinónimos: Derivarse, dimanar, emitir, exhalar, nacer, originarse, proceder, provenir.

EMBAJADOR
Sinónimos: Agente diplomático, cónsul, diplomático, emisario, encargado de los negocios, enviado, nuncio, plenipotenciario, representante.

EMBALSAMAR
Sinónimos: Momificar.

EMBARAZADA
Sinónimos: Encinta, fecundada, gestante, grávida.
Antónimos: Estéril, infecunda.

EMBARAZO
Sinónimos: Aburrimiento, confusión, dificultad, entorpecimiento, estorbo, fastidio, gestación, gravidez, impedimento, molestia, obstáculo, obstrucción, perplejidad, preñez, turbación.

EMBARCADERO
Sinónimos: Muelle, puerto.

EMBARCO
Sinónimos: Embarque.

EMBARGAR
Sinónimos: Confiscar, requisar, incautar, quitar, retener.
Antónimos: Devolver, restituir.

EMBATE
Sinónimos: Acometida, embestida.

EMBRIAGAR(SE)
Sinónimos: Emborracharse, beber, alcoholizar, achisparse.

EMBRIÓN
Sinónimos: Botón, brote, esbozo, feto, germen, huevo, principio, retoño, yema.

EMBROLLAR
Sinónimos: Burlar, confundir, embarullar, embaucar, engañar, enmarañar, enredar, enrollar, enturbiar, intrincar, liar, revolver, trabar, trampear.
Antónimos: Aclarar, desembrollar, desenredar, liberar, soltar.

EMBRUTECER
Sinónimos: Animalizar, atolondrar, atontar, entorpecer, degradar.
Antónimos: Elevar, enaltecer, ennoblecer.

EMBUSTERO
Sinónimos: Engañador, falaz, impostor, mendaz, mentiroso.

EMIGRAR
Sinónimos: Desterrar, expatriar, migrar, transmigrar.
Antónimos: Repatriar.

EMITIR
Sinónimos: Acuñar, arrojar, despedir, exhalar, lanzar, poner en circulación, radiar, radiodifundir, radiotelevisar.

EMOCIONAR
Sinónimos: Impresionar, conmover, enternecer, afectar, excitar, turbar, vibrar.

EMOLUMENTO
Sinónimos: Estipendio, gratificación, remuneración, retribución.

EMPAQUE
Sinónimos: Aplomo, énfasis, entono, gravedad, presunción, prosopopeya, tiesura.
Antónimos: Discreción, humildad, modestia, naturalidad, sencillez, simplicidad.

EMPAREJAR
Sinónimos: Acoplar, conformar, igualar, juntar, nivelar, reunir.
Antónimos: Desnivelar, desparejar, dividir, separar.

EMPEÑAR
Sinónimos: Asegurar, comprometer, dar arras, dejar en prenda, obligar, pignorar, prometer, vincular.
Antónimos: Desempeñar, desobligar, desvincular.

EMPEÑO
Sinónimos: Afán, ahínco, anhelo, ansia, obstinación, pignoración, porfía.

EMPEZAR
Sinónimos: Acometer, comenzar, emprender, iniciar, nacer, originarse, principiar.

EMPÍRICO
Sinónimos: Experimental, práctico.
Antónimos: Especulativo, teórico, racional.

EMPLEO
Sinónimos: Beneficio, cargo, colaboración, destino, ocupación, oficio, prebenda, puesto, sinecura, tarea, trabajo.

ENAMORAR
Sinónimos: Camelar, conquistar, cortejar, encantar, encaprichar, fascinar, galantear, requebrar, seducir.

ENANO
Sinónimos: Hombrecillo, homúnculo, liliputiense, pequeño, pigmeo, renacuajo, retaco.
Antónimos: Coloso, gigante, hombrón, mocetón, titán.

ENCAJAR
Sinónimos: Aceptar, ensamblar, concordar, corresponder, casar, ajustar, introducir, meter.
Antónimos: Desencajar, desajustar, desarmar.

ENCAJE
Sinónimos: Filigrana, puntilla, ribete.

ENCANTAR
Sinónimos: Cautivar, embaucar, embelesar, embrujar, extasiar, fascinar, hechizar, lisonjear, ofuscar, seducir, sugestionar.

ENCANTO
Sinónimos: Embeleso, embrujo, encantamiento, fascinación, hechizo, seducción, sortilegio.
Antónimos: Horror, pánico, susto, terror.

ENCENDER
Sinónimos: Abrasar, achicharrar, arder, caldear, chamuscar, enardecer, entusiasmar, excitar, incendiar, inflamar, prender, quemar, tostar.
Antónimos: Apagar, extinguir, matar, sofocar.

ENCIMA
Sinónimos: Además, sobre.

ENCOGER(SE)
Sinónimos: Contraer, disminuir, achicar, acortar, abreviar, reducir.
Antónimos: Aumentar, ampliar, ensanchar, estirar.

ENCONTRAR
Sinónimos: Abordar, afrontar, arrostrar, averiguar, descubrir, encarar, enfrentar, hallar, inventar, presentarse, topar, tropezar.
Antónimos: Buscar, escudriñar, explorar, indagar, inquirir, investigar, perder, rastrear, sondear.

ENCRUCIJADA
Sinónimos: Bifurcación, cruce, intersección, ramificación.

ENCUENTRO
Sinónimos: Cita, colisión, competición, contradicción, choque, descubrimiento, hallazgo, lucha, *match*, oposición, pugna, topetazo, tropiezo.

ENDEMONIADO
Sinónimos: Endiablado, obseso, poseído, poseso.

ENDULZAR
Sinónimos: Ablandar, atemperar, azucarar, dulcificar, enternecer, mitigar, moderar, suavizar.
Antónimos: Acibarar, amargar.

ENEMISTAD
Sinónimos: Antagonismo, aversión, malquerencia, rencor, rivalidad.
Antónimos: Amistad, afecto, simpatía.

ENFADO
Sinónimos: Enojo, fastidio, desagrado, cólera, irritación, hastío.

ENFERMEDAD
Sinónimos: Achaque, afección, contagio, destemple, epidemia, indisposición, infección, inflamación, mal, malestar, morbo, padecimiento, trastorno.
Antónimos: Euforia, normalidad, salud, sanidad.

ENFERMO
Sinónimos: Achacoso, débil, desmedrado, desmejorado, enclenque, enfermizo, hospitalizado, indispuesto, maltrecho, paciente, pachucho.
Antónimos: Repuesto, robusto, sano.

ENGANCHAR
Sinónimos: Abrochar, agarrar, asir, encajar, enlazar, trabar, uncir.
Antónimos: Desatar, desenganchar, desenlazar, separar, soltar.

ENGAÑO
Sinónimos: Añagaza, ardid, artificio, artimaña, celada, doblez, dolo, embaucamiento, embrollo, enredo, estafa, falsedad, ficción, hipocresía, insidia, intriga, lazo, manejo, marrullería, mixtificación, subterfugio, timo, trampa, treta, truco, truhanería, tunantada, zancadilla.

ENGRASAR
Sinónimos: Aceitar, lubricar, untar.
Antónimos: Desengrasar.

ENOJO
Sinónimos: Cólera, coraje, enfado, exasperación, fastidio, furor, ira, irritación, molestia, trabajo

ENORME
Sinónimos: Ciclópeo, colosal, desaforado, descomunal, desmedido, desmesurado, desproporcionado, excesivo, gigantesco, grandioso, hiperbólico, imponente, inmenso, mastodóntico, mayúsculo, piramidal.
Antónimos: Enano, invisible, microscópico, minúsculo, pequeñísimo.

ENREDO
Sinónimos: Berenjenal, complicaciones, confusión, cuento, chisme, dédalo, embrollo, embuste, intriga, laberinto, lío, mentira, trama.

ENSEÑAR
Sinónimos: Adiestrar, adoctrinar, aleccionar, amaestrar, catequizar, cultivar, desasnar, dirigir, doctrinar, domar, educar, ejercitar, exhibir, instruir.
Antónimos: Aplicarse, aprender, estudiar, ilustrarse, instruirse.

ENSUCIAR
Sinónimos: Afear, ajar, contaminar, deslucir, embadurnar, embarrar, empañar, enfangar, enlodar, macular, mancillar, pringar, salpicar, tiznar.
Antónimos: Asear, desembarrar, fregar, hermosear, limpiar, pulir.

ENSUEÑO
Sinónimos: Alucinación, éxtasis, fantasía, ilusión, imaginación, quimera, sueño, visión.
Antónimos: Materialidad, realidad, verdad.

ENTABLAR
Sinónimos: Comenzar, disponer, emprender, preparar, trabar.

ENTENDER
Sinónimos: Comprender, concebir, creer, deducir, juzgar, penetrar, pensar, saber.

ENTERO
Sinónimos: Cabal, completo, cumplido, enérgico, íntegro, exacto, firme, fuerte, justo, recto, robusto, sano, total.
Antónimos: Incompleto, inmoral, parcial.

ENTERRADOR
Sinónimos: Sepulturero.

ENTIERRO
Sinónimos: Conducción de cadáver, enterramiento, funeral, inhumación, sepelio.

ENTRAR
Sinónimos: Acceder, adentrarse, atravesar, caber, encajar, filtrarse, franquear, infiltrarse, ingresar, internarse, intervenir, introducirse, invadir, irrumpir, meterse, pasar, penetrar, traspasar.
Antónimos: Abandonar, alejarse, desalojar, evacuar, evadirse, expeler, expulsar, fugarse, huir, partir, salir.

ENTREMETIDO
Sinónimos: Enredador, metiche, metomentodo.

ENTRENADOR
Sinónimos: *Manager*, preparador, *trainer*.

ENTRENAR
Sinónimos: Adiestrar, ejercitar, ensayar, habituarse, preparar.

ENTRETENER
Sinónimos: Alargar, dar largas, demorar, dilatar, distraer, divertir, recrear, solazar.
Antónimos: Aburrir.

ENTROMETIDO
Sinónimos: Enredador, metiche, metomentodo.

ENTUSIASMO
Sinónimos: Ardor, arrebato, calor, delirio, efusión, enardecimiento, exaltación, fervor, frenesí, pasión, vehemencia.
Antónimos: Desafecto, desapego, desgana, frialdad, impasibilidad, indiferencia, indolencia, tibieza.

ENVENENAR
Sinónimos: Atosigar, corromper, emponzoñar, enconar, ensañar, entosigar, exacerbar, inficionar.
Antónimos: Desintoxicar, dulcificar, paliar, purificar.

ENVIAR
Sinónimos: Cursar, despachar, expedir, exportar, girar, mandar, remesar, remitir, transmitir.
Antónimos: Admitir, percibir, importar, recibir, recoger, tomar.

ENVIDIA
Sinónimos: Celos, disgusto, desazón, tirria, resquemor.
Antónimos: Indiferencia, conformidad.

ENVILECIDO
Sinónimos: Abatido, degradado, desacreditado, deshonrado, encanallado, extraviado, perdido, postrado.
Antónimos: Ennoblecido, regenerado, seguro.

EPIDEMIA
Sinónimos: Contagio, endemia, epizootia, pandemia, peste, pestilencia, plaga.

ÉPOCA
Sinónimos: Período, era, etapa, tiempo, fase, ciclo, edad.

EQUIPAJE
Sinónimos: Bagaje, baúl, bulto, carga, envoltorio, fardo, impedimenta, maleta, paquete, saco, talego, valija.

EQUÍVOCO
Sinónimos: Ambiguo, anfibológico, dudoso, oscuro, sibilino.
Antónimos: Cierto, claro, indiscutible, inequívoco, preciso, unívoco.

ERIGIR
Sinónimos: Construir, edificar, establecer, fundar, instruir, levantar.

ERMITAÑO
Sinónimos: Anacoreta, asceta, cenobita, eremita, estilita, solitario.

ERROR
Sinónimos: Coladura, confusión, desacierto, desatino, descuido, dislate, disparate, equivocación, errata, extravío, fallo, inadvertencia, inexactitud, lapsus, patinazo, pifia, plancha, *quid pro quo*, yerro.
Antónimos: Acierto, tino.

ERUCTO
Sinónimos: Eructación, flato, regüeldo.

ERUDITO
Sinónimos: Culto, docto, ilustrado, instruido, sabio.

ESBIRRO
Sinónimos: Sicario.

ESCABROSO
Sinónimos: Abrupto, áspero, desigual, duro, fangoso, inconveniente, peligroso, quebrado, tosco, turbio.
Antónimos: Claro, fácil, llano.

ESCALDAR
Sinónimos: Abrasar, arder, calentar, cocer, incendiar, quemar, requemar.
Antónimos: Aterir, enfriar, helar, refrigerar.

ESCALERA
Sinónimos: Escala, escalerilla, escalinata, escalón, grada, gradería, peldaño, rampa.

ESCALOFRÍO
Sinónimos: Calofrío, carne de gallina, espeluzno, estremecimiento, temblor.

ESCAPAR
Sinónimos: Desaparecer, desfilar, escabullirse, escurrirse, esfumarse, evadirse, fugarse, librarse, marcharse.

ESCARBAR
Sinónimos: Arañar, raer, rascar, raspar.

ESCARPADO
Sinónimos: Abrupto, acantilado, áspero, vertical.
Antónimos: Llano.

ESCASEZ
Sinónimos: Carencia, carestía, cortedad, defecto, deficiencia, estrechez, exigüidad, falta, insuficiencia, mezquindad, miseria, necesidad, penuria, parquedad, poquedad.
Antónimos: Abundancia, afluencia, copia, demasía, exceso, exuberancia, flujo, plétora, raudal, riqueza.

ESCLARECER
Sinónimos: Aclarar, afamar, dilucidar, ennoblecer, explicar, iluminar, ilustrar.
Antónimos: Complicar, confundir, envilecer.

ESCLAVITUD
Sinónimos: Cautiverio, cautividad, dependencia, opresión, servidumbre, sometimiento, subordinación.
Antónimos: Albedrío, autonomía, dominio, emancipación, independencia, liberación, libertad, manumisión, redención, rescate, señorío.

ESCOGER
Sinónimos: Apartar, elegir, entresacar, optar, preferir, seleccionar.

ESCONDER
Sinónimos: Celar, cubrir, disimular, encerrar, encubrir, enmascarar, mimetizar, ocultar, velar.
Antónimos: Descubrir, exhibir, exponer, manifestar, mostrar, ostentar.

ESCONDIDO
Sinónimos: Anónimo, clandestino, disimulado, furtivo, incógnito, invisible, oculto, secreto, sobreentendido, subrepticio, velado.
Antónimos: Aparente, manifiesto, patente, público, visible.

ESCOTE
Sinónimos: Cuota, derrama, parte, prorrata.

ESCRIBIENTE
Sinónimos: Amanuense, calígrafo, copista, chupatintas, escribano, mecanógrafo, memorialista, oficinista, pasante.

ESCRIBIR
Sinónimos: Anotar, apuntar, componer, copiar, corresponder, garabatear, redactar, transcribir.
Antónimos: Declamar, hablar, recitar, vocalizar.

ESCRITO
Sinónimos: Acta, carta, documento, manuscrito.
Antónimos: Declamado, hablado, oral, recitado, verbal, vocal, voceado.

ESCRITOR
Sinónimos: Autor, columnista, crítico, cronista, grafómano, literato, periodista, polígrafo, prosista, publicista, recopilador, redactor.

ESCUCHAR
Sinónimos: Atender, dar oídos, espiar, oír, prestar atención.

ESCUDRIÑAR
Sinónimos: Averiguar, escrutar, examinar, investigar.

ESCUPIR
Sinónimos: Babear, esputar, expectorar.

ESFORZARSE
Sinónimos: Afanarse, batallar, empeñarse, fatigarse, luchar, persistir, procurar, pugnar.
Antónimos: Abandonar, acomodarse, adaptarse, desistir, rendirse, renunciar, resignarse.

ESPADA
Sinónimos: Alfanje, bayoneta, cimitarra, daga, estoque, hoja, puñal, sable, tizona.

ESPALDA
Sinónimos: Costillas, dorso, envés, espina dorsal, grupa, hombros, lomo, riñones.
Antónimos: Cara, pecho, tórax.

ESPAÑOL
Sinónimos: Hispánico, hispano, ibérico.

ESPECIFICAR
Sinónimos: Aclarar, circunstanciar, detallar, determinar, enumerar, esclarecer, inventariar, precisar, pormenorizar.

ESPECTÁCULO
Sinónimos: Contemplación, diversión, función, panorama, representación, visión.

ESPECTADOR
Sinónimos: Asistente, concurrente, concurso, público.

ESPECTRO
Sinónimos: Aparición, apariencia, ectoplasma, espíritu, fantasma, sombra, visión.

ESPECULACIÓN
Sinónimos: Comercio, contemplación, examen, indagación, investigación.

ESPERA
Sinónimos: Acecho, calma, demora, expectación, expectativa, flema, paciencia, tardanza.

ESPERAR
Sinónimos: Aguardar, confiar, creer, ilusionarse.
Antónimos: Decepcionar, desanimar, desconfiar, desesperar, desilusionar, desmoralizar, dudar.

ESPÍA
Sinónimos: Agente secreto, confidente, chivato, delator, espión, soplón.

ESPÍRITU
Sinónimos: Aliento, alma, ánima, brío, energía, esencia, mente, valor, vigor.
Antónimos: Cuerpo, materia.

ESPLENDENTE
Sinónimos: Brillante, deslumbrante, esplendoroso, fosforescente, fulgente, fúlgido, fulgurante, lúcido, radiante, refulgente, reluciente, resplandeciente.
Antónimos: Hosco, lóbrego, opaco, sombrío, oscuro, tenebroso.

ESPONTÁNEO
Sinónimos: Automático, franco, indeliberado, instintivo, libre, llano, maquinal, natural, sencillo, voluntario.
Antónimos: Afectado, deliberado, fingido, forzado.

ESPUMA
Sinónimos: Baba, espumarajo.

ESQUELETO
Sinónimos: Boceto, esbozo, hueso, plan, proyecto.
Antónimos: Carne, cecina, chicha, chuleta, filete, jamón, lomo, magro, menudillos, músculo, tajada.

ESQUIVAR
Sinónimos: Eludir, evadir, evitar, rehuir, rehusar, sortear, soslayar.
Antónimos: Afrontar, arrostrar, enfrentar, hacer frente, oponer, resistir.

ESTABLECER
Sinónimos: Afincarse, avecindarse, decidir, decretar, determinar, domiciliarse, erigir, establecer, estatuir, fijar, fundar, implantar, instalar, instaurar, mandar, ordenar, proyectar.

ESTABLECIMIENTO
Sinónimos: Comercio, empresa, industria, negocio, puesto, tienda.

ESTABLO
Sinónimos: Aprisco, caballeriza, cuadra, majada, pesebre, pocilga, redil, caballeriza.

ESTACADA
Sinónimos: Barricada, cerca, empalizada, valla.

ESTACIONAMIENTO
Sinónimos: Aparcamiento, parada, *parking*.

ESTAFADOR
Sinónimos: Aprovechado, explotador, gorrón, parásito, sablista, vividor.
Antónimos: Honrado, honesto, decente, cabal.

ESTE
Sinónimos: Oriente, levante, saliente, naciente.
Antónimos: Oeste, occidente, poniente, ocaso.

ESTÉTICO
Sinónimos: Artístico, hermoso, lindo, bonito, vistoso, elegante, atractivo.
Antónimos: Antiestético, feo, horrible, abigarrado.

ESTIMULAR
Sinónimos: Incitar, excitar, sobreexcitar, aguijonear, espolear, azuzar, concitar, instigar, impeler, avivar, animar, convidar, inducir, alentar, acuciar, impulsar, propulsar, fomentar, promover, suscitar.
Antónimos: Reprimir, refrenar, frenar, sujetar, coercer, contener, moderar, templar, atajar, sofocar, ahogar, apagar, someter, reducir.

ESTIRAR
Sinónimos: Alargar, dilatar, aumentar, prolongar.
Antónimos: Encoger, acortar, contraer, reducir, comprimir, disminuir.

ESTORBAR
Sinónimos: Entorpecer, dificultar, impedir, evitar, conjurar, contrarrestar.
Antónimos: Ayudar, cooperar, coadyuvar, colaborar, auxiliar, asistir, proteger, favorecer.

ESTRECHO
Sinónimos: Angosto, reducido, apretado, restringido, ajustado.
Antónimos: Ancho, amplio, holgado, dilatado, desahogado, despejado, vasto, espacioso.

ETERNIDAD
Sinónimos: Imperecedero, perpetuo, perdurable, perenne, inmortal.
Antónimos: Tiempo, temporada, ocasión, coyuntura, sazón, momento, jornada, etapa, edad, hora, época.

EVAPORAR
Sinónimos: Vaporar, vaporizar, volatilizar, sublimar.
Antónimos: Licuar, liquidar, condensar.

EVIDENTE
Sinónimos: Claro, palmario, obvio, indiscutible, manifiesto, irrebatible.

EVITAR
Sinónimos: Eludir, obviar, rehuir, sortear, soslayar, librarse.
Antónimos: Afrontar, enfrentarse.

EVOLUCIÓN
Sinónimos: Desenvolvimiento, progresión, progreso, proceso, metamorfosis, transformación.
Antónimos: Perenne, conservador.

EXACERBAR
Sinónimos: Agraviar, avivar, agriar, excitar, recrudecer, irritar, enconar.
Antónimos: Mitigar, moderar, suavizar, atenuar, aliviar, calmar, neutralizar, templar, atemperar.

EXACTO
Sinónimos: Cabal, puntual, preciso, justo, fijo, clavado, matemático, taxativo, contado, medido, pesado, tasado, riguroso, minucioso, meticuloso.
Antónimos: Inexacto, impreciso, indefinido, vago, equivocado, falso, erróneo.

EXAGERAR
Sinónimos: Abultar, engrandecer, hinchar, encarecer, agigantar.
Antónimos: Atenuar, empequeñecer.

EXCELENTE
Sinónimos: Bueno, óptimo, satisfactorio, sobresaliente, notable, superior, meritorio, esmerado, meritísimo, precioso, primoroso, magnífico, excelso, sublime, eximio, delicioso, exquisito, selecto, perfecto, irreprochable, ideal.
Antónimos: Mediocre, deficiente, mediano, defectuoso, imperfecto, incompleto, malo, detestable.

EXCLUIDO
Sinónimos: Separado, exceptuado, exento, eliminado, apartado, escindido.
Antónimos: Incluido, comprendido, contenido, incluso, incurso, encuadrado.

EXCULPAR
Sinónimos: Disculpar, defender, justificar, descargar, vindicar, abonar, excusar.
Antónimos: Inculpar, culpar, acusar, imputar, recriminar, recusar, atribuir, achacar.

EXCUSA
Sinónimos: Disculpa, pretexto, achaque, evasiva, salida, recurso, subterfugio.
Antónimos: Probanza, prueba, demostración, explicación, satisfacción, defensa, descargo, razón.

EXENCIÓN
Sinónimos: Franquicia, dispensa, privilegio, bula, inmunidad, exclusión.
Antónimos: Gravamen, carga, obligación, censo, canon, prima, impuesto.

EXHORTAR
Sinónimos: Animar, impulsar, mover, alentar, incitar, rogar.

EXHUMAR
Sinónimos: Desenterrar.
Antónimos: Inhumar, enterrar, sepultar, soterrar.

EXIGIR
Sinónimos: Obligar, requerir, reivindicar, compeler, reclamar.
Antónimos: Pedir, rogar, demandar, implorar, solicitar, exhortar, suplicar, impetrar, clamar, instar, postular, recabar, mendigar, requerir.

EXISTENCIA
Sinónimos: Realidad, vida, pervivencia, corporeidad.
Antónimos: Inexistencia, nada, incorporeidad, entelequia, irrealidad, vacío.

ÉXITO
Sinónimos: Triunfo, gloria, conquista, coronamiento, eficacia, fructificación.
Antónimos: Fracaso, fiasco, aborto, frustración, derrota, fallo, desastre, contratiempo, catástrofe, quiebra, bancarrota.

EXÓTICO
Sinónimos: Extranjero, extraño, esnob, moderno, peregrino.
Antónimos: Castizo, típico, clásico, convencional, tradicional, neto, peculiar, característico, representativo, pintoresco, indígena, autóctono, vernáculo, aborigen.

EXPATRIACIÓN
Sinónimos: Exilio, proscripción, destierro, deportación, extrañamiento, confinamiento, evacuación, emigración, diáspora, partida, alejamiento, éxodo.
Antónimos: Repatriación, retorno, vuelta.

EXPERIENCIA
Sinónimos: Práctica, costumbre, mundo.
Antónimos: Inexperiencia, desentrenamiento, ignorancia, novato, aprendiz.

EXPLICACIÓN
Sinónimos: Exposición, declaración, aclaración, interpretación, dilucidación, definición.

EXPLÍCITO
Sinónimos: Expresado, manifiesto, claro, indubitable, categórico, preciso, terminante, concreto.
Antónimos: Implícito, incluido, tácito, sobreentendido, virtual, elíptico, omitido, callado, velado.

EXPRESIVO
Sinónimos: Animado, vivo, gráfico, significativo, enfático, vehemente.
Antónimos: Inexpresivo, inanimado, frío, seco.

EXPULSIÓN
Sinónimos: Despedida, desahucio, despido, desalojo.
Antónimos: Admisión, ingreso, entrada, recepción.

EXTENDER
Sinónimos: Propagar, difundir, expandir, trascender, divulgar, proyectar, transmitir, cundir, correr, propalar, contagiar, irradiar, esparcir.
Antónimos: Reducir, disminuir, menguar, aminorar.

EXTERIOR
Sinónimos: Externo, fuera, afuera, extrínseco, superficial, periférico, circunscrito.

EXTRANJERO
Sinónimos: Extraño, foráneo, forastero, intruso, bárbaro, arribista, advenedizo, huésped, apátrida.
Antónimos: Nacional, indígena, aborigen, autóctono, vernáculo, natural, nativo, ciudadano, paisano, estatal, racial.

EXTRAORDINARIO
Sinónimos: Prodigioso, portentoso, asombroso, maravilloso, mágico, sobrenatural, sorprendente, admirable, singular, excepcional.
Antónimos: Ordinario, normal, común, corriente, consuetudinario, regular, vulgar.

EXTREMO
Sinónimos: Extremidad, punta, cabo, límite, terminación, tope, cola, rabo, final.
Antónimos: Medio, centro, mitad, intermedio, promedio.

F

FÁBRICA
Sinónimos: Complejo industrial, industria, manufactura, taller, lugar de trabajo.

FABRICAR
Sinónimos: Confeccionar, elaborar, forjar, hacer, obrar, producir.
Antónimos: Aniquilar, derribar, deshacer, destruir.

FÁBULA
Sinónimos: Alegoría, apólogo, cuento, ficción, invención, leyenda, mito.
Antónimos: Historia, realidad, verdad.

FÁCIL
Sinónimos: Accesible, cómodo, descansado, elemental, expeditivo, factible, hacedero, llano, obvio, plausible, posible, sencillo, trivial, viable.
Antónimos: Arduo, complicado, costoso, difícil, duro, engorroso, enrevesado, penoso.

FACTURA
Sinónimos: Cargo, cuenta, minuta.

FACULTAD
Sinónimos: Aptitud, atribución, autoridad, autorización, capacidad, derecho, potencia, potestad.

FACHADA
Sinónimos: Delantera, frente, frontis, frontispicio, portada, parte delantera.
Antónimos: Parte trasera.

FAJA
Sinónimos: Banda, ceñidor, corsé, franja, tira, venda, zona.

FALAZ
Sinónimos: Embustero, engañador, cínico, mentiroso, impostor.
Antónimos: Sincero, veraz, honesto.

FALSO
Sinónimos: Apócrifo, artificial, artificioso, engaños, erróneo, falaz, ficticio, fingido, fraudulento, hipócrita, iluso, farisaico, imaginario, inadmisible, inexacto, infiel, inventado, mendaz, mentiroso, presunto, pretendido, putativo, simulado, simulacro, tendencioso, trucado.
Antónimos: Auténtico, axiomático, efectivo, exacto, evidente, fehaciente, genuino, incuestionable, indiscutible, indudable, irrefutable, natural, real, sincero, seguro, verdadero.

FALTAR
Sinónimos: Carecer, escasear.
Antónimos: Abundar, derramarse, desbordar, exceder, rebasar, rebosar, redundar, sobrar, sobreabundar, sobrepujar, superar.

FAMA
Sinónimos: Aura, aureola, celebridad, crédito, estimación, gloria, inmortalidad, éxito, nombradía, notoriedad, popularidad, predicamento, prestigio, renombre, reputación.
Antónimos: Anonimato, desconocimiento, oscuridad.

FAMILIA
Sinónimos: Abolengo, alcurnia, ascendencia, casa, casta, cepa, clan, dinastía, estirpe, genealogía, lar, linaje, parentela, parentesco, progenie, prole, prosapia, ralea, cuna, rama, raza, sangre, sucesión, realeza, tronco.
Antónimos: Orfandad.

FAMOSO
Sinónimos: Célebre, conocido, renombrado, notorio, reputado, ilustre.
Antónimos: Ignorado, humilde, desconocido.

FANATISMO
Sinónimos: Intransigencia, intolerancia, obstinación, apasionamiento.
Antónimos: Tolerancia, ecuanimidad.

FANFARRÓN
Sinónimos: Altanero, baladrón, bravucón, cuentista, exagerado, fachendoso, farolero, jactancioso, matamoros, matasiete, matón, perdonavidas.
Antónimos: Comedido, discreto, humilde, moderado, mesurado, modesto, tímido.

FANGO
Sinónimos: Cieno, lodo, légamo, barro, limo.

FANTASÍA
Sinónimos: Imaginación, inspiración, inventiva, magia.
Antónimos: Concreción, efectividad, existencia, materialidad, objetividad, realidad, verdad.

FANTÁSTICO
Sinónimos: Extraordinario, extravagante, fabuloso, fantasmal, hipotético, ilusorio, imaginario, inverosímil, irreal, quimérico, utópico.
Antónimos: Normal, racional, razonable, real, realizable, verdadero.

FARMACIA
Sinónimos: Botica.

FASCÍCULO
Sinónimos: Entrega, número.

FASTIDIAR
Sinónimos: Disgustar, incordiar, molestar, marear, contrariar, desazonar, importunar.
Antónimos: Agradar, complacer, entretener, deleitar.

FATALIDAD
Sinónimos: Adversidad, contratiempo, desdicha, desgracia, desventura.
Antónimos: Buena suerte, «estar en racha», dicha, felicidad, providencia, ventura.

FATIGA
Sinónimos: Agobio, agotamiento, ajetreo, asfixia, cansancio, esfuerzo, trabajo.
Antónimos: Alivio, descanso, distensión, ocio, reposo, relajamiento, respiro.

FAVORABLE
Sinónimos: Conveniente, beneficioso, saludable, adecuado, oportuno.
Antónimos: Contrario, adverso, desfavorable.

FE
Sinónimos: Convencimiento, credo, convicción, religión, creencia, confianza, fidelidad, lealtad.
Antónimos: Agnosticismo, ateísmo, escepticismo, incredulidad.

FEALDAD
Sinónimos: Adefesio, deformidad, monstruosidad.
Antónimos: Belleza, decoro, gracia, hermosura, limpieza, lindeza, lozanía.

FECUNDAR
Sinónimos: Fecundizar, engendrar, concebir, fertilizar, preñar.

FELICITAR
Sinónimos: Congratularse, complacerse.
Antónimos: Compadecerse, dar el pésame, presentar condolencias, lamentarse, sentir.

FEMENINO
Sinónimos: Afeminado, amanerado, femenil.
Antónimos: Macho, masculino, varonil, viril.

FEO
Sinónimos: Antiestético, deforme, esperpento, horrendo, horrible, hórrido, horroroso, malcarado, repulsivo, monstruoso, repugnante.
Antónimos: Armonioso, apolíneo, atractivo, bello, bonito, espléndido, encantador.

FEROZ
Sinónimos: Bárbaro, cruel, salvaje, despiadado, fiero, violento, implacable.
Antónimos: Inofensivo, humano, piadoso.

FERROCARRIL
Sinónimos: Convoy, correo, expreso, funicular, mixto, mercancías, tren.

FÉRTIL
Sinónimos: Fecundo, feraz, fructífero, fructuoso, prolífico, ubérrimo.
Antónimos: Árido, estéril, impotente, improductivo, infecundo, infructífero, virgen, yermo.

FERVOR
Sinónimos: Devoción, piedad, fe, recogimiento.
Antónimos: Tibieza, incredulidad.

FESTIVIDAD
Sinónimos: Celebración, conmemoración, solemnidad, fiesta.

FIAR(SE)
Sinónimos: Prestar, ceder, facilitar, dejar‖avalar, garantizar, afianzar, asegurar.
Antónimos: Desconfiar, recelar, sospechar.

FIEL
Sinónimos: Constante, creyente, devoto, exacto, fiel, probo, religioso.
Antónimos: Desleal, falaz, inconstante, infiel, irreligioso, mudable, pérfido.

FIERA
Sinónimos: Alimaña, bestia, animal, carnívoro‖bruto, salvaje, cruel, bárbaro.

FIESTA
Sinónimos: Descanso, domingo, feria, festejo, festival, festín, festividad, jubileo, onomástica, reposo, solemnidad, vacación, velada, verbena.
Antónimos: Aflicción, duelo, exequias, funeral, luto.

FIGURADO
Sinónimos: Alegórico, aparente, fingido, metafórico, místico, simbólico.
Antónimos: Auténtico, efectivo, literal, natural, propio, real, verdadero.

FIGURAR(SE)
Sinónimos: Representar, simbolizar, configurar‖hallarse, estar, asistir, comparecer, contarse‖imaginarse, suponerse, creer, conjeturar, pensar.

FIJO
Sinónimos: Definitivo, duradero, estable, inalterable, inamovible, imborrable.
Antónimos: Accidental, eventual, inestable, inseguro, mutable, pasajero, provisional.

FILA
Sinónimos: Cola, columna, desfile, hilera, línea, retahíla, sarta, serie.

FILANTROPÍA
Sinónimos: Altruismo, caridad, magnanimidad, solidaridad, amor, desprendimiento.
Antónimos: Egocentrismo, egoísmo, misantropía.

FILOLOGÍA
Sinónimos: Gramática, lingüística.

FILTRAR(SE)
Sinónimos: Tamizar, cribar, colar, depurar‖propalarse, difundirse, publicarse, extenderse.

FIN
Sinónimos: Acabamiento, aspiración, colofón, conclusión, consumación, coronamiento, destino, final, finalidad, ideal, intención, meta, objetivo, término.
Antónimos: Comienzo, debut, estreno, inauguración, iniciación, preliminar, prólogo, introducción, exordio, origen, nacimiento, principio.

FINGIR
Sinónimos: Aparentar, disimular, encubrir, enmascarar, imaginar, mentir.
Antónimos: Naturalidad.

FINO
Sinónimos: Delgado, estrecho, afilado, menudo||selecto, refinado, educado, distinguido, pulcro.
Antónimos: Grueso, ancho, voluminoso||basto, vulgar, tosco, zafio.

FISCO
Sinónimos: Erario, hacienda, tesoro.

FLECHA
Sinónimos: Dardo, jabalina, saeta.

FLORECER
Sinónimos: Abrirse, brotar, desarrollarse, despuntar, germinar, verdear, brillar, medrar, progresar, prosperar, echar||brillar, adelantar.
Antónimos: Enmohecer, marchitar, apagar.

FLOTAR
Sinónimos: Nadar, emerger, sobrenadar, mantenerse.
Antónimos: Hundirse, sumergirse.

FLUIDO
Sinónimos: Blando, fluyente, líquido, muelle, pastoso, resbaladizo, viscoso.
Antónimos: Consistente, duro, macizo, recio, sólido.

FORMA
Sinónimos: Aspecto, configuración, faz, figura, fisonomía, formato, manera, modo, perfil, apariencia, imagen, diseño, estructura, figura||modo, estilo, tono.
Antónimos: Amorfo, deforme, embrionario, en agraz, informe, irregular, rudimentario.

FORTALEZA
Sinónimos: Vigor, energía, fuerza, potencia, brío||baluarte, castillo, alcazaba, fuerte, bastión, ciudadela.
Antónimos: Debilidad, flaqueza, languidez, abatimiento.

FORTUNA
Sinónimos: Azar, casualidad, destino, estrella, éxito, hado, providencia, suerte, ventura.
Antónimos: Adversidad, chasco, desdicha, desgracia, desventura, fracaso, frustración.

FRASE
Sinónimos: Dicho, expresión, locución, modismo, periodo, proposición.

FRECUENTAR
Sinónimos: Alternar, concurrir, ser asiduo, tratar.

FRENAR
Sinónimos: Detener, parar, impedir, obstaculizar, sujetar, reprimir.
Antónimos: Avivar, estimular, acelerar, excitar.

FRÍO
Sinónimos: Álgido, aterido, congelado, fresco, frígido, gélido, glacial, helado.
Antónimos: Abrasador, ardiente, ardoroso, bochornoso, cálido, caliente, candente, febril, tropical.

FROTAR
Sinónimos: Estregar, estrujar, fregar, friccionar, lijar, limar, pulir, raspar, restregar, rozar.
Antónimos: Deslizar, escurrir, lubricar, resbalar.

FRUGALIDAD
Sinónimos: Sobriedad, austeridad, parquedad, moderación, sosiego, tino.
Antónimos: Gula, glotonería, voracidad, tragón, pantagruélico, voraz, sibarita, heliogábalo.

FUEGO
Sinónimos: Brasa, chispa, fogata, hoguera, incendio, lar, lumbre, llama.

FUENTE
Sinónimos: Chorro, fontana, hontanar, manantial, surtidor, venero; causa, fundamento, germen, estreno, inauguración, iniciación, preliminar, prólogo, introducción, exordio, origen, nacimiento, principio.

FUERTE
Sinónimos: Brioso, enérgico, fornido, forzudo, gallardo, granítico, hercúleo, membrudo, musculoso, poderoso, potente, resistente, robusto, sólido, varonil, vigoroso.
Antónimos: Agotado, alicaído, anémico, canijo, consumido, débil, decaído, depauperado, desfallecido, enclenque, endeble, enfermizo.

FUERZA
Sinónimos: Fuerte, aguante, ardimiento, energía, fortaleza, ímpetu, intensidad, potencia, pujanza, reciedumbre, resistencia, robustez, solidez, vigor, violencia.
Antónimos: Agotamiento, anemia, apatía, astenia, debilidad, embotamiento, enervamiento, fragilidad, impotencia, inhibición, languidez, laxitud, postración, relajamiento.

FUGA
Sinónimos: Deserción, escapada, evasión, éxodo, diáspora, huida, retirada, salida.

Antónimos: Acoso, detención, hostigamiento, persecución, cerco, retención.

FUNDAR
Sinónimos: Crear, instituir, erigir, construir, establecer.
Antónimos: Destruir, anular, abolir.

FUNERAL
Sinónimos: Entierro, exequias, fúnebre, funerario, necrológico, responso, sufragio.

FUNESTO
Sinónimos: Aciago, desgraciado, doloroso, fatal, infausto, luctuoso, nefasto, siniestro, tétrico, sombrío, lúgubre, triste, acongojante, descorazonador, espeluznante.
Antónimos: Alegre, bienaventurado, dichoso, fausto, feliz, gozoso, satisfecho.

FUSIL
Sinónimos: Carabina, chopo, escopeta, máuser, metralleta, mosquetón, Remington, Winchester.

FUTURO
Sinónimos: Porvenir, próximo, ulterior, venidero, posterior.
Antónimos: Antaño, anterior, antiguo, ayer, pasado, pretérito, remoto.

G

GABARRA
Sinónimos: Armadía, balsa, barcaza, embarcación, lanchón, pontón.

GAFAS
Sinónimos: Anteojos, lentes, lentillas.

GAITA
Sinónimos: Chirimía, dulzaina, zampoña.

GALANTEAR
Sinónimos: Cortejar, rondar, conquistar, festejar, requebrar.

GALARDÓN
Sinónimos: Premio, honor, trofeo, medalla, distinción.

GALERÍA
Sinónimos: Alcantarillado, cloaca, paso subterráneo, túnel, mirador, museo, pinacoteca, pórtico.

GANANCIA
Sinónimos: Alza, beneficios, bonificación, comisión, ganga, ingresos, interés, lucro, momio, negocio, plusvalía, porcentaje, prima, producto, provecho, rédito, rendimiento, renta, usura, utilidad, ventaja.
Antónimos: Bajada, daño, descuento, desgaste, gasto, menoscabo, pérdida, perjuicio, quebranto.

GANCHO
Sinónimos: Ancla, anzuelo, arpón, ganchillo, garabato, garfio.

GARAJE
Sinónimos: *Parking*, zona de estacionamiento.

GARANTÍA
Sinónimos: Arras, aval, caución, empeño, fianza, hipoteca, prenda, protección, seguridad.

GARRA
Sinónimos: Garfa, uña, garfio, zarpa.

GASTAR
Sinónimos: Agotar, apurar, consumir, derrochar, desembolsar, despilfarrar, dilapidar, disipar, emplear, invertir, malgastar.
Antónimos: Acaparar, acumular, ahorrar, almacenar, atesorar, conversar, economizar.

GASTRONOMÍA
Sinónimos: Cocina, culinaria, sibaritismo.

GATO
Sinónimos: Gato montés, ladrón, michino, minino, morrongo; instrumento mecánico.

GENERACIÓN
Sinónimos: Concepción, engendramiento, fecundación, procreación‖ vivientes, familia, prole, coexistentes.

GENERALIZAR
Sinónimos: Extender, difundir, divulgar, publicar, universalizar.
Antónimos: Limitar, restringir, concretar, acotar.

GENEROSIDAD
Sinónimos: Abnegación, beneficencia, desprendimiento, esplendidez, largueza, liberalidad, magnanimidad, magnificencia, munificiencia.
Antónimos: Avaricia, cálculo, cicatería, egoísmo, codicia, mezquindad, roñosería, usura.

GENEROSO
Sinónimos: Dadivoso, desinteresado, desprendido, espléndido, hospitalario, ilustre, liberal, magnánimo, munífico, noble, generoso, rumboso.
Antónimos: Agarrado, avaro, cicatero, mezquino, miserable, roñoso, ruin, tacaño.

GENIO
Sinónimos: Carácter, índole, humor, talante, brío‖sabiduría, talento, ingenio, inteligencia.

GENUINO
Sinónimos: Puro, verdadero, natural, legítimo, propio, auténtico.
Antónimos: Falso, espúreo, adulterado, postizo.

GEOGRAFÍA
Sinónimos: Orografía, geología, corografía, topografía.

GESTIONAR
Sinónimos: Tramitar, ejecutar, mandar, diligenciar, resolver, encargar.

GESTO
Sinónimos: Ademán, expresión, gesticulación, guiño, mímica, mohín, mueca, señal, signo, tic.

GIGANTE
Sinónimos: Coloso, titán, filisteo, jayán, mocetón, espingarda.
Antónimos: Enano, pigmeo, liliputiense, gorgojo, pulga, retaco, renacuajo.

GIRAR
Sinónimos: Circular, piruetear, remolinar, rodar, rodear, rular, tornear, virar, voltear.

GITANO
Sinónimos: Calé, caló, cañí, flamenco, zíngaro.
Antónimos: Payo (según el argot caló).

GLOTÓN
Sinónimos: Comilón, tragón, hambrón, voraz, insaciable.

GOBERNAR
Sinónimos: Mandar, dirigir, administrar, presidir, gestionar.

GOLFANTE
Sinónimos: Bala, bellaco, bergante, bribón, calavera, canalla, caradura, fresco, galopín, gamberro, granuja, maleante, perdulario, perillán, sinvergüenza.
Antónimos: Honesto, decente.

GOLFO (GEOGRÁFICO)
Sinónimos: Abra, abrigo, bahía, cala, ensenada, estuario, fiordo, fondeadero, puerto, rada.

GOLOSO
Sinónimos: Catador, comilón, degustador, epicúreo, epulón, glotón, hambrón, heliogábalo, pantagruel, paladeador, sibarita.
Antónimos: Abstinente, austero, frugal, moderado.

GOLPE
Sinónimos: Batacazo, bastonazo, bofetada, cachete, choque, manotazo, puñetazo, ingeniosidad, ocurrencia, salida.

GORDO
Sinónimos: Abotargado, adiposo, barrigón, barrigudo, cebado, craso, gordinflón, grueso, lustroso, mantecoso, mofletudo, obeso, pingüe, rechoncho.
Antónimos: Canijo, cenceño, chupado, delgado, enjuto, enteco, escuálido, esmirriado, macilento, magro.

GOZAR
Sinónimos: Complacerse, degustar, deleitarse, disfrutar, divertirse, poseer, recrearse, refocilarse, regodearse, saborear, usar, utilizar.
Antónimos: Carecer, padecer, penar, purgar, sufrir.

GRABAR
Sinónimos: Esculpir, tallar, cincelar, labrar‖imprimir, registrar, fotocopiar‖fijar, inculcar, aprender.

GRAMÓFONO
Sinónimos: Altavoz, fonógrafo, gramola, magnetófono, tocadiscos.

GRANDE
Sinónimos: Abultado, amplio, ancho, augusto, colosal, corpulento, descomunal, desmedido, eminente, enorme, excelso, extenso, fabuloso, gigantesco, grandioso, ingente, majestuoso, mayúsculo, monumental, piramidal, sublime, titánico, vasto, voluminoso.
Antónimos: Breve, corto, diminuto, escaso, exiguo, ínfimo, insignificante, leve, limitado, menguado, menudo, mezquino, microscópico, pequeño, raquítico, reducido.

GRANO
Sinónimos: Bubón, cereal, divieso, furúnculo, lobanillo, orzuelo, tubérculo, verruga.

GRASO
Sinónimos: Seboso, grasiento, craso, untuoso, sebáceo, grasoso.

GRATIFICAR
Sinónimos: Pagar, retribuir, premiar, recompensar, galardonar||agradar, complacer, satisfacer.

GRATUITO
Sinónimos: Regalado, de balde, gratis, ventajoso||infundado, arbitrario, injustificado.
Antónimos: Caro, costoso, oneroso||fundado, justificado, lógico, razonado.

GRIETA
Sinónimos: Corte, fisura, hendidura, rendija, resquebrajadura, resquicio.
Antónimos: Liso, taponado.

GRIS
Sinónimos: Canoso, ceniciento, plomizo, aburrido, apagado, lánguido, monótono, triste.

GRITAR
Sinónimos: Abuchear, alborotar, aullar, berrear, chillar, desgañitarse.
Antónimos: Bisbisear, cuchichear, mascullar, musitar, refunfuñar, rezongar, susurrar.

GROSERO
Sinónimos: Tosco, zafio, chabacano, basto, soez, rudo, burdo, ordinario.
Antónimos: Fino, delicado, cortés.

GRUESO
Sinónimos: Gordo, abultado, corpulento, rollizo, obeso, inflado, craso, carnoso.
Antónimos: Flaco, delgado, enjuto, estilizado.

GRUPO
Sinónimos: Conjunto, asociación, corporación, reunión, clan, camarilla, fracción.

GUAPO
Sinónimos: Bello, hermoso, agraciado, apuesto, atractivo, gallardo.
Antónimos: Feo.

GUARDIA
Sinónimos: Centinela, escolta, escucha, guarda, guardia civil, guardia jurado, guardia municipal, guardia rural, guardia de tráfico, guardián, policía, policía nacional, policía militar, sereno, vigía, vigilante.

GUARDIÁN
Sinónimos: Vigilante, guarda, guardia, centinela, cuidador.

GUARIDA
Sinónimos: Cubil, madriguera, nido, perrera; albergue, abrigo, amparo, asilo, refugio.

GUERRA

Sinónimos: Batalla, campaña, combate, conflagración, conflicto, contienda, cruzada, choque, escaramuza, lid, lucha, beligerancia, operación, pelea, refriega, confrontación, enfrentamiento.

Antónimos: Amistad, armisticio, armonía, calma, sosiego, conciliación, concordia, convivencia, paz, reconciliación, tranquilidad, orden, tregua.

GUERRILLERO

Sinónimos: Cristero, maquis, montonero, partidario, partisano, tupamaro, francotirador.

GUÍA

Sinónimos: Cicerone, conductor, director, piloto, timonel, *sherpa*, callejero, indicador, prontuario.

GUISAR

Sinónimos: Cocinar, aderezar, condimentar, preparar.

GULA

Sinónimos: Glotonería, voracidad, sibaritismo, pantagruelismo.

Antónimos: Frugalidad, sobriedad, austeridad, moderación, parquedad.

GUSANO

Sinónimos: Larva, lombriz, oruga, verme.

GUSTAR

Sinónimos: Saborear, paladear, probar, degustar, catar, gulusmear, golosear, golosinear.

Antónimos: Insípido, soso, insulso.

H

HÁBIL
Sinónimos: Apto, diestro, experto, habilidoso, idóneo, industrioso, ingenioso, mañoso.
Antónimos: Chapucero, desmañado, inhábil, torpe.

HABITAR
Sinónimos: Aposentar, domiciliarse, establecerse, residir, morar, ocupar, vivir.

HÁBITO
Sinónimos: Costumbre, rutina, práctica, habituación, uso‖traje, vestido, túnica.

HABLAR
Sinónimos: Apostrofar, arengar, barbotar, bisbisear, cascar, conversar, cotorrear, charlar, chismorrear, decir, declamar, declarar, departir, discursear, disertar, explicar, expresarse, murmurar, orar, perorar, platicar, rajar, recitar, susurrar, «soplar».
Antónimos: Achantar, callar, enmudecer, silenciar.

HACER
Sinónimos: Actuar, armar, componer, confeccionar, construir, crear, efectuar, elaborar, engendrar, fabricar, forjar, manufacturar.
Antónimos: Aniquilar, desbaratar, descomponer, desguazar, deshacer, desmontar, desmoronar.

HACINAR
Sinónimos: Amontonar, acumular, agolpar, apilar.
Antónimos: Separar, distribuir, espaciar, ordenar.

HALLAR
Sinónimos: Encontrar, topar, tropezar.
Antónimos: Perder, extraviar, desaparecer, traspapelar, olvidarse.

HAMBRE
Sinónimos: Apetito, gana, necesidad, gazuza, carpanta, voracidad, deseo.
Antónimos: Hartura, saciedad, indigestión, empacho.

HARTO
Sinónimos: Saciado, ahíto, atiborrado, saturado, empachado, repleto‖aburrido, cansado, hastiado.
Antónimos: Hambriento, necesitado‖interesado.

HAZAÑA
Sinónimos: Proeza, gesta, aventura, epopeya, empresa, heroicidad, heroísmo.

HECHIZAR
Sinónimos: Sugestionar, hipnotizar, magnetizar.
Antónimos: Exorcizar, conjurar, desencantar.

HECHO

Sinónimos: Acción, acto, operación, rasgo, gesto, hazaña, obra, conducta, comportamiento, empresa, aventura, proeza, gesta, suceso, lance, episodio.

Antónimos: Dicho, palabra, frase, expresión, manifestación, declaración, promesa, oración, párrafo, refrán, adagio, proverbio, máxima, sentencia, aforismo.

HEDOR

Sinónimos: Pestilencia, peste, hediondez, tufo, tufarada, corrompido, putrefacto.

Antónimos: Fragancia, aroma, perfume, esencia, sahumerio.

HEGEMONÍA

Sinónimos: Superioridad, supremacía, imperio, dominio, preeminencia.

Antónimos: Inferioridad, decadencia, dependencia, subordinación.

HELAR

Sinónimos: Enfriar, refrigerar, congelar, refrescar, cuajarse.

Antónimos: Calentar, diluirse.

HEMORRAGIA

Sinónimos: Sangre, flujo, pérdida.

Antónimos: Hemostasis.

HEREDAR

Sinónimos: Suceder, recibir.

HEREJÍA

Sinónimos: Heterodoxia, cisma, apostasía, sectarismo.

Antónimos: Ortodoxia.

HERIDA

Sinónimos: Corte, arañazo, lesión, llaga, rozadura.

HERMOSO

Sinónimos: Bello, bonito, agraciado, lindo, precioso.

Antónimos: Feo.

HÉROE

Sinónimos: Valiente, atrevido, temerario, glorioso, insigne.

Antónimos: Cobarde, pusilánime.

HERRAMIENTA

Sinónimos: Útil, utensilio, instrumento, aparato, artilugio, apero.

HERVIR

Sinónimos: Borbotear, cocer, rebosar, escaldar.

Antónimos: Enfriar, congelar.

HETEROGÉNEO

Sinónimos: Diverso, distinto, dispar, surtido, variado.

Antónimos: Homogéneo, congénere, similar, gemelo.

HIGIENE
Sinónimos: Profilaxis, prevención, preservación, asepsia, desinfección, fumigación.
Antónimos: Suciedad.

HIJO
Sinónimos: Vástago, retoño, polluelo, infante, niño, unigénito, primogénito.
Antónimos: Padre, progenitor, padrastro.

HINCHAR
Sinónimos: Inflar, henchir, ensanchar, inflamar, abotargar.

HIPERTROFIA
Sinónimos: Desarrollo, abultamiento, obesidad.
Antónimos: Atrofia, consunción, degeneración, atonía, debilitación.

HIPNOTIZAR
Sinónimos: Mesmerizar, sugestionar, magnetizar, dominar.

HIPOTECAR
Sinónimos: Gravar, adeudar, garantizar, obligarse, comprometerse.
Antónimos: Liberar.

HIPÓTESIS
Sinónimos: Suposición, cábala, supuesto, conjetura, presunción, teoría, imaginación.
Antónimos: Tesis, proposición, tema, materia, asunto, motivo, argumento, trama.

HISTORIA
Sinónimos: Narración, crónica, anales, efemérides, anécdota, biografía.
Antónimos: Leyenda, tradición, mito, conseja, patraña, fábula, apólogo, parábola, cuento, chascarrillo, novela, folletón, invención, ciencia-ficción.

HOGAR
Sinónimos: Casa, domicilio, lar, morada, vivienda.

HOJEAR
Sinónimos: Repasar, examinar, leer.

HOLGAZÁN
Sinónimos: Vago, ocioso, haragán, perezoso, maula, gandul.
Antónimos: Trabajador, activo, dinámico, emprendedor.

HOMBRE
Sinónimos: Varón, macho, caballero.
Antónimos: Mujer, hembra, fémina, señora, Eva, comadre, dama, damisela, comadrona.

HOMOGÉNEO
Sinónimos: Congénere, similar, semejante, emparentado, gemelo, uniforme, igual, análogo.
Antónimos: Heterogéneo, diverso, distinto, dispar, disímil, surtido, variado, diferente.

HONOR
Sinónimos: Honra, honorabilidad, honradez, pundonor, dignidad, decencia, vergüenza, caballerosidad, hidalguía, nobleza, reputación, gloria, prez, timbre, ejecutoria.

Antónimos: Deshonor, afrenta, deshonra, oprobio, indignidad, infamia, ignominia, vilipendio, descrédito, sambenito, desdoro, mancilla, mancha, abyección, bajeza, vileza, villanía, servilismo, degradación.

HONRADO
Sinónimos: Probo, íntegro, fiel, recto, justo, digno, moral, decente, puritano.

Antónimos: Pillo, pícaro, pillete, truhán, galopín, bribón, bellaco, perillán, tuno, tunante, sinvergüenza, fresco, caradura, vil, ruin, charrán, bergante, tronera, calavera, arrastrado, «pinta», canalla, randa, granuja, inmoral, desaprensivo, golfo, perdulario, «bala», indeseable, maleante.

HORRIBLE
Sinónimos: Aterrador, atroz, espantoso, espeluznante, horrendo, horripilante, macabro, monstruoso, pavoroso, siniestro, terrible, tétrico, tremendo.

Antónimos: Admirable, bello, celestial, divino, espléndido, estupendo, maravilloso.

HOSPEDAR
Sinónimos: Acoger, alojar, albergar, cobijar, aposentar, habitar, parar.

HOSPICIO
Sinónimos: Albergue, asilo, casa cuna, casa de caridad, inclusa, orfanato.

HOSPITAL
Sinónimos: Ambulatorio, clínica, dispensario, enfermería, lazareto, manicomio, maternidad, policlínica, sanatorio.

HOSTIL
Sinónimos: Enemigo, contrario, rival, adverso, enfrentado.

HOTEL
Sinónimos: Albergue, alojamiento, *camping*, fonda, hostal, hospedería, mesón, parador, motel, pensión, posada, refugio, residencia.

HOYO
Sinónimos: Hueco, agujero, bache, socavón, foso, concavidad.

HUECO
Sinónimos: Vacío, vano, cóncavo.

Antónimos: Macizo, lleno, relleno, compacto, denso, espeso, apretado, amazacotado.

HUESO
Sinónimos: Vértebra, costilla, mandíbula.

Antónimos: Carne, chicha, tajada, magro, lomo, jamón, filete, chuleta, cecina, músculo, musculatura.

HUIR
Sinónimos: Escapar, alejarse, apartarse, fugarse, evadirse, pirarse, volar, escabullirse.
Antónimos: Perseguir, seguir, acosar, hostigar, correr, ahuyentar.

HUMANO
Sinónimos: Terreno, terrenal, natural, antropológico, ente, ser.
Antónimos: Divino, providencial, deífico, sobrenatural, milagroso, portentoso, sobrehumano, teologal.

HUMILDAD
Sinónimos: Modestia, bajeza, miseria, pequeñez, servidumbre, abatimiento, rebajarse.
Antónimos: Soberbia, orgullo, presunción, vanidad, altivez, altanería, arrogancia, engreimiento, hinchazón, petulancia, amor propio, tufos, humos, ínfulas, tono, pisto, importancia, endiosamiento, megalomanía, ufanía, jactancia, petulancia, fanfarronería, baladronada, engolamiento.

HUMILLAR
Sinónimos: Abatir, confundir, anonadar, abismar, rebajar, abusar, doblegar, vilipendiar.
Antónimos: Ensalzar, engrandecer, enaltecer, exaltar, realzar, glorificar, magnificar, sublimar, deificar, endiosar, encumbrar, entronizar.

HUNDIR
Sinónimos: Desmoronar, desplomar, derribar, derrumbar, caerse, abatir.

HURACÁN
Sinónimos: Vendaval, ciclón, ventolera, ventisca, ráfaga, remolino, tromba, torbellino.
Antónimos: Aura, brisas, airecillo, hálito, remusgo, remanso, calma.

HURTAR
Sinónimos: Quitar, arrebatar, sustraer, coger, robar, usurpar, desposeer, estafar, desfalcar, saquear, sisar, malversar, defraudar, depredar, birlar, soplar, limpiar.
Antónimos: Restituir, devolver, reintegrar, reembolsar, resarcir, indemnizar, compensar, reparar, satisfacer, recobrar, revertir.

I

IDEA
Sinónimos: Aprehensión, concepto, conjetura, creencia, diseño, doctrina, esbozo, imaginación, indicio, ingenio, intención, inventiva, noción, ocurrencia, opinión, pensamiento, percepción, principio, proyecto, quimera, representación, sensación

IDENTIDAD
Sinónimos: Autenticidad, coincidencia, conformidad, equivalencia, homogeneidad, igualdad.
Antónimos: Adversidad, antagonismo, antítesis, contradicción, contraposición, contrariedad, contrasentido, contraste, desigualdad, disconformidad, diversidad, oposición.

IDENTIFICAR(SE)
Sinónimos: Reconocer, describir, reseñar, establecer, determinar‖igualar, unificar, hermanar, fundir, solidarizarse, coincidir, equiparar, nivelar.
Antónimos: Disentir, discrepar, oponer, contrastar.

IDÍLICO
Sinónimos: Ameno, placentero, grato, delicioso, paradisíaco.
Antónimos: Prosaico, vulgar.

IDIOTA
Sinónimos: Romo, imbécil, tonto, bobo, memo, estúpido.
Antónimos: Listo, astuto, inteligente, brillante.

ÍDOLO
Sinónimos: Amuleto, estatua, fetiche, imagen, mascota, simulacro, tótem.

IGLESIA
Sinónimos: Basílica, capilla, catedral, colegiata, ermita, parroquia, santuario, templo.

IGNORANCIA
Sinónimos: Analfabetismo, desconocimiento, incultura, inexperiencia.
Antónimos: Aptitud, capacidad, conocimiento, cultura, experiencia, sabiduría.

IGNORANTE
Sinónimos: Alcornoque, analfabeto, asno, burro, ignaro, estúpido, iletrado, inculto, indocto, lego, melón, modorro, obtuso, patán, «pez», profano, zoquete, zote.
Antónimos: Científico, culto, docto, documentado, eminencia, entendido, erudito, ilustrado, instruido, investigador, lumbrera, perito, sabio.

IGUAL
Sinónimos: Coincidente, constante, equivalente, exacto, idéntico, parejo, regular, uniforme.
Antónimos: Desigual, diferente, disconforme, discontinuo, dispar, distinto, diverso, heterogéneo.

ILESO
Sinónimos: Indemne, incólume, sano, saludable, entero.
Antónimos: Lesionado, herido, damnificado.

ILÍCITO
Sinónimos: Clandestino, ilegal, improcedente, inconveniente, indebido, inicuo, injusto.
Antónimos: Autorizado, debido, justo, legal, lícito, permitido.

ILUMINAR
Sinónimos: Irradiar, encender, alumbrar, aclarar||enseñar, inspirar, orientar, esclarecer.

ILUSIONAR
Sinónimos: Esperar, animar, alentar, prometer, soñar.
Antónimos: Desilusionar, descorazonar, decepcionar.

ILUSTRE
Sinónimos: Afamado, célebre, destacado, egregio, eminente, esclarecido, eximio, famoso, ínclito, insigne, noble, renombrado.
Antónimos: Adocenado, anónimo, corriente, desconocido, ignoto, oscuro, pelagatos, plebeyo, raso, vulgar.

IMAGEN
Sinónimos: Efigie, estatua, figura, icono, imitación, parecido, representación, retrato, semejanza, símbolo.
Antónimos: Autenticidad, realidad, verdad.

IMBERBE
Sinónimos: Barbilampiño, depilado, lampiño, mondo, rapado.
Antónimos: Barbudo, hirsuto, peludo, piloso, velloso, velludo.

IMBUIR
Sinónimos: Infundir, persuadir, inculcar||empaparse, contagiar, adquirir, saturarse.

IMITAR
Sinónimos: Calcar, copiar, falsificar, «fusilar», plagiar, remedar, representar, reproducir, seguir, semejar, transformar.

IMPASIBLE
Sinónimos: Impasible, impertérrito, sereno, tranquilo, imperturbable, impávido.

IMPEDIR
Sinónimos: Atascar, cerrar, contener, dificultar, embarazar, empecer, entorpecer, estorbar, frenar, interceptar, obstaculizar, obstar, obstruir, prohibir, reprimir, resistir, torpedear, vedar, vetar.

Antónimos: Apoyar, auxiliar, ayudar, contribuir, facilitar, favorecer, permitir, secundar.

IMPENETRABLE
Sinónimos: Cerrado, compacto, enigmático, hermético, impermeable, inaccesible, incognoscible, incomprensible, indescifrable, inescrutable, inexplicable, reservado, tupido.
Antónimos: Accesible, claro, comprensible, descifrable, explicable, penetrable, permeable, poroso.

IMPERFECTO
Sinónimos: Chapucero, defectuoso, deficiente, escaso, falto, inacabado, incompleto, inmaduro, insuficiente, mediocre, prematuro, verde.
Antónimos: Acabado, cabal, completo, cumplido, entero, insuperable, íntegro, maduro, perfecto, sazonado, total.

IMPERTÉRRITO
Sinónimos: Firme, impasible, impávido, imperturbable, inalterable, inmutable, intrépido, sereno, tranquilo.
Antónimos: Asustadizo, azorado, emocionado, excitable, impresionable, miedoso, sensible, temeroso, turbado.

IMPLICAR
Sinónimos: Comprometer, enredar, meter, liar, mezclar, responsabilizar‖incluir, conllevar, entrañar, contener, comprender.

IMPORTANTE
Sinónimos: Considerable, crucial, destacado, eminente, esencial, grave, ilustre, interesante, notable, principal, relevante, sensacional, sustancial, serio, trascendental, vital.
Antónimos: Baladí, banal, despreciable, fútil, insignificante, insustancial, intrascendente, irrelevante, secundario, superficial, trivial.

IMPRESOR
Sinónimos: Cajista, linotipista, tipógrafo.

IMPROVISAR
Sinónimos: Crear, inventar, imaginar, repentizar.
Antónimos: Preparar, analizar, planear, planificar.

IMPRUDENTE
Sinónimos: Arriesgado, atolondrado, aturdido, desatinado, desprevenido, imprevisor, impulsivo, incauto, inconsiderado, indiscreto, irreflexivo, precipitado, temerario.
Antónimos: Astuto, cauto, circunspecto, discreto, sagaz, ecuánime, juicioso, ponderado, previsor, prudente, reflexivo, sensato, sesudo.

IMPUESTO
Sinónimos: Arancel, arbitrio, canon, censo, contribución, gabela, gravamen, peaje, subsidio, tasa, tributo.
Antónimos: Bula, dispensa, exención, exoneración, inmunidad, franquicia, privilegio.

IMPUGNAR
Sinónimos: Refutar, rebatir, rechazar, contradecir, objetar, negar.
Antónimos: Refrendar, apoyar, admitir, aceptar, confirmar.

IMPULSAR
Sinónimos: Propulsar, impeler, promover, patrocinar, potenciar, activar.
Antónimos: Rechazar, obstaculizar, impedir.

INCAUTAR
Sinónimos: Embargar, confiscar, decomisar, requisar.

INCIDIR
Sinónimos: Caer, incurrir, dar, tropezar, chocar, transgredir.

INCIERTO
Sinónimos: Discutible, dudoso, engañoso, hipotético, problemático.
Antónimos: Auténtico, axiomático, cierto, evidente, exacto, fehaciente, indiscutible, indudable, infalible, irrefutable, seguro, verdadero.

INCITAR
Sinónimos: Estimular, animar, instigar, apremiar, espolear, provocar, tentar.
Antónimos: Disuadir, desalentar, aplacar.

INCLUIR
Sinónimos: Meter, insertar, introducir, agregar, añadir, incorporar||comprender, contener, implicar, englobar, abarcar, envolver.

INCONSCIENTE
Sinónimos: Involuntario, reflejo, automático, instintivo, maquinal.
Antónimos: Consciente, reflexivo.

INCONVENIENTE
Sinónimos: Molesto, inoportuno, cargante, fastidioso, perjudicial, improcedente.
Antónimos: Apropiado, adecuado.

INCORPORAR(SE)
Sinónimos: Integrar, adherirse, afiliarse, unir, alistar, ingresar.
Antónimos: Separar, disgregar.

INCREPAR
Sinónimos: Censurar, reconvenir, regañar, reprender, reprochar, sermonear, corregir, reñir, advertir.
Antónimos: Aplaudir, aprobar, elogiar, enaltecer, ensalzar, exaltar, glorificar, prestigiar.

INDECISO
Sinónimos: Asomo, atisbo, barrunto, brote, presagio, señal, síntoma, traza, vestigio.
Antónimos: Argumento, comprobación, prueba, demostración, garantía, manifestación.

INDEPENDIENTE
Sinónimos: Autónomo, libre, emancipado, autosuficiente, individualista, liberado, imparcial.
Antónimos: Dependiente, dominado, subordinado, sometido.

INDICAR
Sinónimos: Señalar, mostrar, guiar, apuntar, orientar, encaminar, exhortar.

INDIFERENTE
Sinónimos: Apático, cínico, desapasionado, descuidado, displicente, estoico, frío, imparcial, insensible, neutral, objetivo.
Antónimos: Apasionado, ardiente, cuidadoso, interesado, sensible.

INDÍGENA
Sinónimos: Aborigen, autóctono, nativo, natural, originario, oriundo, vernáculo.
Antónimos: Colono, extranjero, extraño, foráneo, forastero, inmigrante, intruso.

INDISCRETO
Sinónimos: Curioso, entrometido, fisgón, inoportuno, imprudente, intruso, meticón.
Antónimos: Delicado, discreto, formal, prudente.

INDIVIDUO
Sinónimos: Ente, miembro, particular, persona, prójimo, ser, sujeto.
Antónimos: Agrupación, asociación, colectividad, colegio, comunidad, corporación, familia, sociedad.

INDOLENTE
Sinónimos: Vago, gandul, ocioso, abúlico, negligente, perezoso, haragán.
Antónimos: Laborioso, activo, diligente, dinámico, emprendedor.

INDULTAR
Sinónimos: Perdonar, absolver, condonar, exculpar, eximir, levantar, olvidar.
Antónimos: Condenar, inculpar, imputar.

INERME
Sinónimos: Abandonado, desarmado, desguarnecido, indefenso.
Antónimos: Amparado, armado, fortificado, guardado, guarnecido, protegido.

INFAME
Sinónimos: Escandaloso, ignominioso, malvado, nefando, oprobioso, pérfido, soez, vergonzoso, vil.
Antónimos: Bueno, digno, honorable, honrado, noble.

INFELIZ
Sinónimos: Afligido, apenado, atribulado, desafortunado, desalentado, desdichado, desgraciado, desesperado, desventurado, malaventurado, malhadado, miserable, mísero, pobre.
Antónimos: Afortunado, boyante, campante, contento, dichoso, feliz, próspero, satisfecho, venturoso.

INFERIOR
  Sinónimos: Accesorio, dependiente, ínfimo, mediocre, menor, peor, secundario, subalterno, subordinado, sujeto, supeditado.
  Antónimos: Independiente, jefe, mejor, predominante, sumo, superior, supremo.

INFIERNO
  Sinónimos: Abismo, Averno, báratro, Estigio, Erebo, Gehena, Hades, Orco, Tártaro.
  Antónimos: Cielo, edén, empíreo, paraíso.

INFINITO
  Sinónimos: Eterno, ilimitado, imperecedero, inacabable, inagotable, inconmensurable, inexhausto, inextinguible, inmenso, interminable.
  Antónimos: Acabable, circunscrito, finito, limitado, perecedero.

INFLEXIBLE
  Sinónimos: Firme, duro, severo, rígido, inexorable, recio, tenaz.
  Antónimos: Blando, flexible, tolerante.

INFLIGIR
  Sinónimos: Aplicar, causar, imponer, ocasionar, producir.

INFORME
  Sinónimos: Averiguación, dato, dictamen, exposición, indagación, información, investigación, noticia, parte médico, parte militar, referencia, relato, rendición de cuentas, sondeo, testimonio.

INFRINGIR
  Sinónimos: Vulnerar, transgredir, quebrantar, violar, conculcar, contravenir.
  Antónimos: Cumplir, acatar, obedecer.

INGENIO
  Sinónimos: Agudeza, cabeza, cacumen, cerebro, entendederas, fantasía, fósforo, habilidad, iniciativa, inspiración, inteligencia, intelecto, inventiva, juicio, maña, mollera, perspectiva, seso, talento; aparato, arma, artificio, instrumento, máquina, utensilio.

INGENUIDAD
  Sinónimos: Bobería, candor, credulidad, inocencia, pureza, sencillez, simplicidad, sinceridad.
  Antónimos: Astucia, cautela, coquetería, doblez, malicia, marrullería, picardía, sagacidad, trastienda.

INGRESO
  Sinónimos: Acceso, admisión, alta, antecámara, atrio, entrada, puerta, recepción, vestíbulo, zaguán; aportación, beneficio, caudal, devengo, ganancia.
  Antónimos: Desembolso, dispendio, gasto, pago, reintegro.

INICIADO
  Sinónimos: Adepto, catecúmeno, neófito, prosélito, seguidor.
  Antónimos: Ajeno, extraño, profano.

INMORAL

Sinónimos: Amoral, deshonesto, desvergonzado, disoluto, impúdico, lascivo, libertino, liviano, lúbrico, lujurioso, obsceno, pornográfico, procaz, salaz, sinvergüenza.

Antónimos: Casto, continente, decente, honesto, honrado, púdico, pudoroso, recatado, virtuoso.

INQUIETUD

Sinónimos: Afán, agitación, anhelo, ansia, desasosiego, excitación, impaciencia, preocupación.

Antónimos: Autocontrol, calma, dominio, flema, moderación, paciencia.

INQUILINO

Sinónimos: Alquilador, arrendatario, locatario, huésped, ocupante, pensionista, pupilo, subarrendado.

Antónimos: Amo, arrendador, casero, dueño, patrón.

INSCRIPCIÓN

Sinónimos: Alta, anuncio, cartel, enganche, epígrafe, epitafio, escrito, lápida, letrero, leyenda, matrícula, registro, rótulo.

Antónimos: Baja, despido.

INSIGNIFICANTE

Sinónimos: Baladí, banal, despreciable, fútil, inapreciable, intrascendente, irrelevante, irrisorio, trivial.

Antónimos: Crucial, decisivo, esencial, importante, interesante, relevante, sustancioso, trascendental, vital.

INSOLENTE

Sinónimos: Altanero, arrogante, descarado, descocado, fresco, grosero, impertinente, irrespetuoso, jactancioso, maleducado, petulante.

Antónimos: Cortés, deferente, educado, galante, respetuoso.

INSTINTO

Sinónimos: Apetito, clarividencia, corazonada, olfato, genialidad, impulso, inclinación, intuición, presentimiento, propensión, tendencia.

Antónimos: Comprensión, discernimiento, razón, reflexión.

INTENTAR

Sinónimos: Pretender, tratar, aspirar, querer, proyectar, procurar.

Antónimos: Desistir, renunciar.

INTERESANTE

Sinónimos: Ameno, apasionante, atractivo, atrayente, cautivador, convincente, divertido, fascinante, impresionante, sugestivo.

Antónimos: Anodino, desabrido, incoloro, insulso, insípido, insustancial, latoso, pesado, soso, trivial, vulgar.

INTERNACIONAL

Sinónimos: Cosmopolita, mundial, universal.

Antónimos: Local, nacional, regional.

INTERNO
Sinónimos: Interior, intestino, íntimo, intrínseco, profundo, recóndito.
Antónimos: Exterior, externo, extrínseco, periférico, superficial.

INTERPRETAR
Sinónimos: Adivinar, comentar, descifrar, desentrañar, explicar, glosar, parafrasear, vulgarizar.
Antónimos: Complicar, trabucar, tergiversar.

INTERRUMPIDO
Sinónimos: Discontinuo, intermitente, suspendido.
Antónimos: Continuado, durable, fijo, prorrogado, seguido, proseguido, reanudado.

INTERRUMPIR
Sinónimos: Cesar, cortar, dejar, desistir, detener, empantanar, interceptar, paralizar, suspender.
Antónimos: Continuar, prorrogar, proseguir, reanudar, reemprender, seguir.

INTERVALO
Sinónimos: Descanso, interludio, intermedio, pausa, interrupción, intersticio.

INTOLERABLE
Sinónimos: Insoportable, inaguantable, insufrible, abusivo, ultranjante, abominable, despótico.
Antónimos: Tolerable, llevadero, agradable, aceptable.

INTOXICAR
Sinónimos: Contaminar, emponzoñar, viciar, corromper.
Antónimos: Desintoxicar, desinfectar, purificar.

INUNDACIÓN
Sinónimos: Aluvión, anegación, avenida, crecida, desbordamiento, diluvio, riada.
Antónimos: Contención, escasez, retracción.

INUNDAR
Sinónimos: Anegar, desbordar.

INÚTIL
Sinónimos: Baldío, estéril, fútil, ineficaz, infructuoso, innecesario, inservible, nulo, superfluo, vano.
Antónimos: Aprovechable, beneficioso, capaz, fértil, fructífero, hábil, útil.

INVADIR
Sinónimos: Asaltar, atacar, irrumpir, acometer, ocupar, conquistar, tomar, dominar, asediar.
Antónimos: Defender, retroceder.

INVÁLIDO
Sinónimos: Baldado, entumecido, impedido, lisiado, paralítico, quebrado, tullido, zambo.
Antónimos: Ágil, desembarazado, expedito, ligero.

INVENTAR

Sinónimos: Concebir, planear, descubrir, hallar, crear, innovar, pensar.
Antónimos: Copiar, imitar, plagiar.

INVISIBLE

Sinónimos: Escondido, imperceptible, inapreciable, incorporal, incorpóreo, indistinguible, latente, misterioso, oculto.
Antónimos: Claro, destacado, distinguible, manifiesto, marcado, neto, palpable, perceptible, visible.

INVOCAR

Sinónimos: Aducir, alegar, exponer, recurrir, aportar.

IR

Sinónimos: Acudir, alejarse, ausentarse, caminar, desplazarse, dirigirse, marcharse, moverse, partir, trasladarse, zarpar.
Antónimos: Arribar, llegar, presentarse, regresar, tornar, venir, volver.

IRA

Sinónimos: Alharaca, arrebato, berrinche, cólera, coraje, despecho, encono, enfado, enojo, exasperación, frenesí, furia, furor, indignación, iracundia, irritación, rabia, rabieta.
Antónimos: Aguante, calma, conformación, mansedumbre, paciencia, placidez, resignación.

IRÓNICO

Sinónimos: Burlesco, burlón, cáustico, chungón, guasón, humorístico, mordaz, sarcástico, sardónico.
Antónimos: Circunspecto, formal, serio, severo.

IRRACIONAL

Sinónimos: Absurdo, contradictorio, ilógico, incoherente, incomprensible, incongruente, inexplicable; animal, bestia, bruto.
Antónimos: Coherente, comprensible, congruente, convincente, justo, lógico, racional.

IRREGULAR

Sinónimos: Amorfo, asimétrico, deforme, disconforme, caprichoso, heteróclito, arrítmico.
Antónimos: Regular, simétrico, geométrico, acompasado, rítmico, medido, reglado, uniforme.

IRRELIGIÓN

Sinónimos: Irreligiosidad, impiedad, incredulidad, ateísmo.
Antónimos: Religión, religiosidad, fe, piedad, creencia, culto, liturgia, misticismo, teología, teodicea, teosofía, teogonía, deísmo, teísmo, metempsicosis.

IRREMEDIABLE

Sinónimos: Incurable, irreparable, irreversible, insolucionable, insubsanable, irrectificable, fatal.
Antónimos: Remediable, curable, reparable.

IRRESOLUCIÓN

Sinónimos: Abstención, inhibición.

Antónimos: Resolución, solución, determinación, decisión, desenlace, sentencia, fallo, pronunciamiento, pronunciado, calificación, dictamen, auto, providencia, decreto.

IRRITAR

Sinónimos: Enojar, exasperar, enfurecer, enfadar, excitar, crispar, indignar, encrespar.

Antónimos: Tranquilizar, aplacar, serenar, sosegar.

IRRUMPIR

Sinónimos: Penetrar, introducirse, invadir, entrar, acometer, surgir.

Antónimos: Salir, desaparecer, desvanecerse.

ISLA

Sinónimos: Ínsula, islote, arrecife, escollo.

Antónimos: Lago, laguna, albufera, charca, poza, pantano, charco, embalse.

ISRAELITA

Sinónimos: Asquenazí, hebreo, israelí, judaico, judío, sefardita, semita, semítico, sionista.

IZQUIERDO

Sinónimos: Siniestro, babor.

Antónimos: Derecho, diestro, estribor.

J

JACTARSE

Sinónimos: Alardear, presumir, vanagloriarse, pavonearse, ufanarse, engreirse, ostentar.

Antónimos: Humillarse, avergonzarse, sonrojarse.

JADEAR

Sinónimos: Resollar, bufar, resoplar, sofocarse.

Antónimos: Descansar, sosegarse.

JARDÍN

Sinónimos: Vergel, huerto, huerta, paraíso, edén, parque, parterre.

Antónimos: Erial, yermo, baldío, pantano, páramo, estéril, desierto, estepa, calvero.

JEFE

Sinónimos: Director, presidente, rector, superior, maestro, intendente, encargado, principal, prior, mandamás, gerente, comandante, comodoro, almirante, guía, conductor, caudillo, capitán, adalid, cabecilla, condotiero, líder, corifeo, preboste, gerifalte, régulo, capataz, caporal, patrón.

Antónimos: Subordinado, dependiente, secretario, subalterno, inferior, sufragáneo, satélite, auxiliar, criado, fámulo, servidor, siervo, vasallo, súbdito.

JESUCRISTO

Sinónimos: el Redentor, Cristo, el Galileo, el Nazareno, el Crucificado, el Unigénito, el Mesías, el Ungido, el Verbo, el Salvador, el Enviado, el Señor, el Santísimo.

Antónimos: Anticristo, Satanás, diablo.

JORNAL

Sinónimos: Salario, paga, sueldo, retribución, estipendio, honorarios.

JOVEN

Sinónimos: Mozo, mozalbete, adolescente, núbil, muchacho, pollo, pimpollo, galán, efebo, guayabo, mancebo, imberbe, púber.

Antónimos: Viejo, anciano, senil, caduco, decrépito, achacoso, cascado, provecto, adulto, maduro, otoñal, longevo, antañón, chocho, vetusto, vejestorio.

JOYA

Sinónimos: Alhaja, tesoro, filigrana, aderezo, gema.

Antónimos: Baratija, bisutería, chuchería, fruslería.

JÚBILO

Sinónimos: Alborozo, regocijo, contento, algazara, exultación, gozo, placer, felicidad.

Antónimos: Tristeza, pena, melancolía, abatimiento.

JUEGO

Sinónimos: Diversión, entretenimiento, recreo, esparcimiento, distración, pasatiempo.

Antónimos: Aburrimiento, tedio, hastío.

JUEZ

Sinónimos: Árbitro, magistrado, curial, justicia, mediador, sentenciador, merino.

Antónimos: Reo, culpado, delincuente, malhechor, criminal, acusado.

JUICIO

Sinónimos: Opinión, parecer, dictamen, sentencia, resolución, diagnóstico, ponencia, informe, concepto, voz, sentir, impresión, criterio, consejo, referéndum, censura, crítica, enjuiciar, conceptuar, calificar.

Antónimos: Prejuicio, preocupación, pesadilla, obsesión, miramiento, respeto, escrúpulo, apriorístico.

JURAMENTO

Sinónimos: Jura, homenaje, voto, testimonio, fidelidad, atestación.

Antónimos: Perjurio, perjuro, prevaricación, mentira, infidelidad, deslealtad, felonía, abjuración, apostasía, negación, traición.

JUSTICIA

Sinónimos: Conciencia, honestidad, honradez, neutralidad, probidad, equidad, rectitud, integridad, imparcialidad, ecuanimidad, legalidad, licitud, escrupulosidad.

Antónimos: Injusticia, iniquidad, arbitrariedad, ilegalidad, ilicitud, parcialidad, preferencia, tendenciosidad, favoritismo, apasionamiento, partidismo, sectarismo, nepotismo, autocracia, desafuero, desaguisado, sinrazón, abuso, extralimitación, exceso, prepotencia, tropelía, capricho, alcaldada, violencia, coacción, atropello.

JUSTO

Sinónimos: Ajustado, apropiado, cabal, conveniente, ecuánime, equitativo, exacto, fundado, imparcial, legítimo, lícito, neutral, oportuno, desapasionado, preciso, razonable, consciente, razonado.

Antónimos: Equivocado, inexacto, injusto, imparcial.

JUVENTUD

Sinónimos: Adolescencia, infancia, mocedad, pubertad, puericia, primavera, lozanía, inexperiencia.

Antónimos: Ancianidad, ocaso, madurez, otoño, otoñal, longevidad, vejez, senectud.

JUZGAR

Sinónimos: Opinar, estimar, valorar, considerar, conceptuar||fallar, sentenciar, decidir, resolver.

K

KARMA
Sinónimos: Encadenado.
Antónimos: Superación, contrarresto.

KERMÉS
Sinónimos: Fiesta, diversión, tómbola.

KIOSKO
Sinónimos: Casilla, cenador, glorieta, pabellón, puesto, templete, tenderete.

L

LABERINTO
Sinónimos: Enredo, embrollo, lío, caos, maraña, confusión.
Antónimos: Orden, sencillez, claridad, facilidad.

LABIA
Sinónimos: Elocuencia, facundia, locuacidad, verbosidad, desparpajo.
Antónimos: Mutismo, laconismo.

LABORIOSO
Sinónimos: Trabajador, aplicado, diligente, tenaz, perseverante, hacendoso.
Antónimos: Vago, perezoso, gandul.

LABRAR(SE)
Sinónimos: Arar, roturar, sembrar, plantar‖prepararse, forjarse, hacerse, crearse.

LACÓNICO
Sinónimos: Escueto, sucinto, breve, sintético, parco, abreviado.
Antónimos: Locuaz, facundo, locuaz.

LADRAR
Sinónimos: Aullar, gañir, gruñir.

LADRÓN
Sinónimos: Atracador, bandido, caco, carterista, cleptómano, cuatrero, chorizo, «choro», «piquero», descuidero, estafador, gato, mechera, palquista, rata, ratero, salteador, saqueador, timador.
Antónimos: Honesto, honrado, íntegro, recto, digno, decente.

LAGUNA
Sinónimos: Alberca, albufera, balsa, ciénaga, charca, charco, estanque, marisma, pantano; defecto, falta, omisión, vacío.
Antónimos: Interpolación, relleno.

LAICO
Sinónimos: Arreligioso, civil, profano, secular, seglar.
Antónimos: Clérigo, eclesiástico, religioso.

LAMENTO
Sinónimos: Elegía, gemido, jeremiada, lamentación, llanto, plañido, queja, quejido.
Antónimos: Aplauso, carcajada, ovación, risa.

LAMER
Sinónimos: Adular, chupar, alagar, lamiscar, lengüetear, lisonjear, relamer.

LÁMINA
Sinónimos: Chapa, hoja, placa, plancha, cromo, dibujo, estampa, figura, grabado, litografía, hoja, estrato, película, membrana, tegumento, blindaje.
Antónimos: Filamento, hilo, fibra, pelo, veta, nervio, brizna, cuerda, bramante, cordón, cinta, tira, alambre.

LÁMPARA

Sinónimos: Antorcha, aplique, «araña», bombilla, bujía, candela, candil, cerilla, faro, farol, foco, linterna, pila, quinqué, vela.

LAMPIÑO

Sinónimos: Barbilampiño, imberbe, rapado, mondo, afeitado, rasurado, depilado.
Antónimos: Velludo, velloso, peloso, piloso, barbudo, bigotudo, hirsuto.

LANZA

Sinónimos: Alabarda, asta, azagaya, chuzo, garrocha, jabalina, pértiga, pica, vara.

LARGO

Sinónimos: Abundante, alargado, amplio, copioso, difuso, dilatado, extenso, prolijo, prolongado, kilométrico, ilimitado, inacabable, interminable.
Antónimos: Breve, conciso, corto, chico, exiguo, pequeño, poco, parco, reducido, limitado.

LARGUEZA

Sinónimos: Liberalidad, generosidad, munificencia, magnificencia, magnanimidad, desprendimiento, esplendidez.
Antónimos: Avaricia, codicia, avidez, ambición, tacañería, roñosería, ruindad, mezquindad, sordidez.

LÁSTIMA

Sinónimos: Pena, compasión, caridad, piedad, conmiseración, lamento.
Antónimos: Alegría, gusto, complacencia.

LATIDO

Sinónimos: Palpitación, pulsación, sobresalto.
Antónimos: Colapso, síncope.

LÁTIGO

Sinónimos: Azote, fusta, rebenque, tralla, verga, vergajo, zurriago.

LAVAR

Sinónimos: Limpiar, asear, bañar, aclarar, purificar, fregar.
Antónimos: Ensuciar, manchar.

LAXANTE

Sinónimos: Purga, purgante.
Antónimos: Astringente.

LEALTAD

Sinónimos: Fidelidad, nobleza, caballerosidad, hidalguía, buena fe, honradez, rectitud, franqueza, sinceridad.
Antónimos: Traición, deslealtad, infidelidad, defección, perfidia, indecencia, alevosía, prevaricación, deserción, emboscada, insidia.

LEER

Sinónimos: Deletrear, descifrar, hojear, ojear, interpretar.

LEGAL

Sinónimos: Autorizado, estatutario, genuino, jurídico, justo, legítimo, lícito, permitido, procedente, promulgado, razonable, reglamentario, vigente.

Antónimos: Bastardo, clandestino, chanchullo, enjuague, espurio, ilegal, ilícito, indebido, injusto, prohibido, irregular.

LEGISLAR
Sinónimos: Codificar, promulgar, disponer, estatuir, decretar, sancionar.

LEGÍTIMO
Sinónimos: Justo, lícito, permitido, debido, verdadero, genuino.
Antónimos: Ilegítimo, injusto, ilícito, prohibido, clandestino, indebido, bastardo, espurio.

LEJANO
Sinónimos: Remoto, alejado, distante, apartado, distanciado, retirado, separado, desviado, excéntrico.
Antónimos: Cercano, próximo, inmediato, contiguo, colindante, limítrofe, vecino, confinante, rayano, propincuo, arrimado, inminente, reciente.

LENGUA
Sinónimos: Lenguaje, idioma, habla, jerga, argot.

LENGUAJE
Sinónimos: Argot, calé, caló, dialecto, fraseología, habla, idioma, jerga, jerigonza, lengua, mímica, terminología, vernáculo, germanía.
Antónimos: Mudez, mutismo, silencio.

LENIDAD
Sinónimos: Benignidad, benevolencia, magnanimidad, suavidad, afabilidad, blandura.
Antónimos: Severidad, rigor, rigurosidad, dureza, rigidez, inexorabilidad, austeridad, aspereza.

LENTO
Sinónimos: Cansino, despacioso, flemático, moroso, paulatino, pausado, pelma, tardío, tardo.
Antónimos: Apresurado, arrebatado, disparado, «embalado», fulminante, ligero, precipitado, rápido, raudo, veloz, vertiginoso.

LEÑO
Sinónimos: Leña, madera, tronco.

LESIONADO
Sinónimos: Lastimado, golpeado, maltratado, magullado, maltrecho, herido, contusionado.
Antónimos: Ileso, sano, incólume, indemne, intacto.

LETRA
Sinónimos: Carácter, garabato, perfil, signo; efecto bancario, giro.

LEVANTAR
Sinónimos: Enderezar, incorporar, erguir, aupar, empinar, elevar, subir, izar.
Antónimos: Arriar, caer, desplomarse, sucumbir, bajar, arruinar, derrumbar, abatirse, descender.

LEVE
Sinónimos: Venial, ligero, pequeño, liviano, parvo, insignificante, nimio.
Antónimos: Grave, importante, grande, difícil, comprometido.

LEY

Sinónimos: Bando, canon, código, constitución, decreto, dictado, disposición, edicto, estatuto, mandamiento, mandato, norma, orden, pauta, precepto, prescripción, regla, reglamento, cláusula, base, directriz, orientación, criterio, escala, tarifa, arancel, baremo, fuero.

Antónimos: Costumbre, hábito, uso, práctica, estilo, moda, modo.

LEYENDA

Sinónimos: Tradición, mito, patraña, fábula, apólogo, parábola, cuento, novela, folletón, invención, ciencia-ficción.

Antónimos: Historia, narración, crónica, anales, efemérides, fastos, historieta, anécdota, monografía, biografía, vida, panegírico, semblanza.

LIBERAR

Sinónimos: Absolver, desencarcelar, desvincular, redimir, emancipar, eximir, libertar, rescatar.

Antónimos: Cautividad, dependencia, esclavitud, mediatización, opresión, servidumbre, sometimiento, subordinación, sumisión, supeditación, enclaustramiento.

LIBERTAD

Sinónimos: Albedrío, autodeterminación, autarquía, autonomía, emancipación, franquicia, imperio, independencia, manumisión, redención, salvación, señorío.

Antónimos: Véanse los correspondientes al vocablo anterior, «Liberar», que son aplicables a este término.

LIBRO

Sinónimos: Folleto, manual, obra, texto, volumen, manuscrito.

LÍCITO

Sinónimos: Legal, justo, debido, reglamentario, legítimo, permitido, permisible, autorizado.

Antónimos: Ilícito, ilegal, indebido, injusto, improcedente, prohibido, prohibitivo.

LICUAR

Sinónimos: Liquidar, condensar.

Antónimos: Evaporar, vaporar, vaporizar, volatilizar, sublimar, desvanecer, disipar.

LÍDER

Sinónimos: Caudillo, dirigente, adalid, cabecilla, jefe.

LIGERO

Sinónimos: Aéreo, etéreo, fatuo, frívolo, fútil, ingrávido, leve, liviano, tenue, volátil.

Antónimos: Constante, denso, espeso, grave, macizo, pesado, plúmbeo, profundo, ponderado, serio.

LIMITADO

Sinónimos: Restringido, circunscrito, constreñido, acotado, ceñido, reducido, localizado.

Antónimos: Ilimitado, amplio, extenso, inmenso, libre, inacabable, indefinido, dilatado, lato.

LIMOSNA
Sinónimos: Dádiva, socorro, caridad, óbolo, auxilio, aguda.

LIMPIAR
Sinónimos: Asear, depurar, enjugar, enlucir, expurgar, fregar, lavar, pulir, purgar, purificar.
Antónimos: Emporcar, enfangar, ensuciar, mancillar, manchar, «guarrear», tiznar.

LIMPIO
Sinónimos: Aseado, barrido, curioso, desempolvado, fregado, impoluto, diáfano, inmaculado, lavado, limpiado, límpido, nítido, pulcro, transparente.
Antónimos: Sucio, manchado, mugriento, cochambroso, desaseado, estropajoso, empañado, tiznado, inmundo, pringado, cochino, puerco, guarro, marrano, enfangado, enlodado, emporcado, asqueroso, sórdido.

LINAJE
Sinónimos: Estirpe, alcurnia, ascendencia, progenie, dinastía, prosapia, cuna, nobleza.

LÍO
Sinónimos: Envoltorio, fardo, bulto, paquete‖caos, confusión, embrollo, desorden, intriga.
Antónimos: Orden, armonía, claridad.

LIQUIDAR
Sinónimos: Saldar, rebajar, abaratar, malvender‖pagar, satisfacer, finiquitar‖exterminar, anular, matar, aniquilar, extirpar‖derretir, licuar, diluir, fundir.

LÍQUIDO
Sinónimos: Fluido, acuoso, humor.
Antónimos: Sólido, duro, consistente, compacto, apelmazado, macizo, denso, rígido.

LISO
Sinónimos: Terso, llano, raso, plano, pulido.
Antónimos: Rugoso, arrugado, chafado, abollado, rayado, áspero, fragoso, abrupto.

LISONJEAR
Sinónimos: Adular, alabar, festejar, elogiar, halagar.
Antónimos: Desairar, criticar, denostar.

LISTO
Sinónimos: Inteligente, avisado, espabilado, agudo, despejado, ingenioso, despabilado, vivo, vivaz, vivaracho, despierto, pizpireta, lince, «largo», sagaz, avispado, sutil, perspicaz, «águila», zahorí, talentoso, dotado, eminencia, eminente.
Antónimos: Tonto, atontado, tontaina, bobo, bobalicón, «babieca», simple, simplón, primo, lila, gil, lelo, panoli, memo, alelado, pasmarote, pánfilo, estafermo, pazguato, gaznápiro, zoquete, bodoque, ceporro, mameluco, papanatas, papamoscas, romo, lerdo, torpe, topo, corto, obtuso, necio, estólido, estúpido, cretino, imbécil, idiota.

LITIGAR
Sinónimos: Pleitear, demandar, denunciar, querellarse, proceder‖reñir, disputar, altercar, profiar.
Antónimos: Avenirse, acordar.

LIVIANO
Sinónimos: Ligero, leve, ingrávido, etéreo, volátil, aéreo.
Antónimos: Pesado, grave, plúmbeo, denso, espeso, macizo, pétreo.

LLAGA
Sinónimos: Herida, úlcera, fístula, absceso, pústula.

LLAMADA
Sinónimos: Cita, convocatoria, invocación, reclamo, llamamiento, movilización, señal, signo.
Antónimos: Alejamiento, despedida, despido, licenciamiento.

LLAMAR
Sinónimos: Apellidar, atraer, citar, convocar, denominar, intitular, invocar, nombrar, tocar.
Antónimos: Alejar, despedir, rechazar.

LLAMATIVO
Sinónimos: Atractivo, curioso, chocante, exagerado, excéntrico, excitante.
Antónimos: Inadvertido, disimulado.

LLANEZA
Sinónimos: Campechanía, confianza, espontaneidad, modestia, naturalidad, sencillez.

LLANO
Sinónimos: Accesible, afable, fácil, franco, igual, liso, llanura, meseta, planicie, plano, sabana, sencillo.
Antónimos: Accidentado, cordillera, desigual, escabroso, escarpado, montaña, monte.

LLANURA
Sinónimos: Planicie, explanada, descampado, escampado, raso, meseta, sabana, estepa, pampa, llano.
Antónimos: Montaña, cuesta, pendiente, declive, ladera, repecho, rampa, ribazo, colina, cabezo, alcor, collado, otero, prominencia.

LLEGADA
Sinónimos: Arribo, arribada, venida, advenimiento, aparcar, aterrizar, amarar.
Antónimos: Partida, marcha, salida, evacuación, ida.

LLENO
Sinónimos: Relleno, repleto, abarrotado, colmado, rebosante, atestado, saturado, empapado, pleno, henchido, ahíto, congestionado, cargado, impregnado, desbordante, sembrado, salpicado, cuajado, plagado, nutrido, invadido, provisto.
Antónimos: Vacío, vano, huero, hueco, desocupado, desmantelado, solitario, exhausto, desierto, despoblado, inhabitado, deshabitado, desprovisto, descongestionado.

115

LLEVAR
Sinónimos: Portar, transportar, trasladar, trasplantar, portear; conducir, trajinar, acarrear, arrastrar, remolcar.
Antónimos: Traer, aportar, presentar.

LLORAR
Sinónimos: Lloriquear, gemir, gimotear, hipar, plañir.
Antónimos: Reír, carcajear, sonreír.

LLOVER
Sinónimos: Lloviznar, chispear, diluviar.
Antónimos: Escampar, aclarar, despejar, amainar.

LOCAL
Sinónimos: Parcial, aislado, limitado; pueblerino, lugareño, aldeano, rural, municipal, comunal.
Antónimos: Universal, mundial, internacional, cosmopolita, ecuménico.

LOCO
Sinónimos: Perturbado, trastornado, demente, alienado, desequilibrado, orate, chiflado, chalado, barrenado, grillado, «mochales», tocado, neurasténico, histérico, alucinado, psicópata, enajenado, lunático, chaveta, dislate.
Antónimos: Cuerdo, lúcido, juicioso, normal, cabal, equilibrado, prudente, reflexivo, sesudo.

LOCUAZ
Sinónimos: Hablador, charlatán, parlanchín, vocinglero, gárrulo, expansivo, comunicativo.
Antónimos: Taciturno, callado, reflexivo, ponderado, hermético, reservado.

LÓGICO
Sinónimos: Racional, deductivo, razonable, justo, objetivo, sensato.
Antónimos: Ilógico, absurdo, irracional.

LORO
Sinónimos: Cacatúa, cotorra, guacamayo, papagayo, perico.

LOZANO
Sinónimos: Exuberante, florido, fresco, frondoso, jugoso, lujuriante, robusto, verde, vigoroso.
Antónimos: Agostado, ajado, amojamado, descaecido, lacio, marchito, momificado, mustio, seco, acartonado, apergaminado.

LUCHAR
Sinónimos: Batallar, guerrear, pelear, combatir, disputar, contender, enfrentarse.
Antónimos: Pacificar, conciliar.

LUGAR
Sinónimos: Sitio, paraje, parte, espacio, emplazamiento, superficie, área, recinto, trecho, demarcación, latitud, terreno, localidad, pueblo, puesto, punto, región, rincón, sitio, esfera, plano, órbita, ámbito, elemento, atmósfera.

Antónimos: Inmensidad, vacío, estratosfera, extensión, infinito, universo.

LUJO
Sinónimos: Alarde, aparato, boato, esplendidez, fausto, gala, magnificencia, opulencia, ostentación, pompa, postín, rumbo, suntuosidad, vanidad.
Antónimos: Carencia, escasez, mezquindad, modestia, pobreza, sencillez, sobriedad.

LUJURIA
Sinónimos: Cachondez, carnalidad, concupiscencia, corrupción, deshonestidad, erotismo, impudicia, impudor, impureza, incontinencia, lascivia, libertinaje, libídine, liviandad, lubricidad, ninfomanía, obscenidad, pornografía, procacidad, rijosidad, sadismo, sadomasoquismo, satiriasis, sensualidad, sicalipsis, voluptuosidad, fornicación, sodomía, salacidad, desdoro, inmoralidad, disoluto.
Antónimos: Abstinencia, castidad, continencia, decencia, decoro, honestidad, pudicia, pudor, pureza, recato, temperancia, templanza, vergüenza, virginidad.

LUMINOSO
Sinónimos: Radiante, brillante, refulgente, claro, resplandeciente.

LUNA
Sinónimos: Espejo, menguante, Selene.

LUSTROSO
Sinónimos: Acharolado, barnizado, brillante, bruñido, espléndido, esplendente, fúlgido, fulgurante, radiante, reluciente, resplandeciente, terso.
Antónimos: Apagado, deslucido, herrumbroso, mate, mohoso, oxidado.

LUZ
Sinónimos: Alumbrado, brillo, claridad, chispazo, deslumbramiento, destello, esplendor, fosforescencia, fulgor, fulguración, luminaria, luminosidad, ráfaga, rayo, relámpago, resol, resplandor, vislumbre, antorcha, faro.
Antónimos: Lobreguez, niebla, oscuridad, sombra, nebulosidad, tinieblas.

M

MACHACAR
Sinónimos: Aplastar, triturar, moler, espachurrar, majar, golpear, pulverizar.

MACIZO
Sinónimos: Amazacotado, apretado, compacto, denso, espeso, lleno, relleno, sólido.
Antónimos: Apolillado, cóncavo, débil, flojo, hueco, poroso, vacío.

MACHO
Sinónimos: Fuerte, masculino, recio, robusto, semental, varón, varonil, vigoroso, viril.
Antónimos: Afeminado, femenil, femenino, hembra, mujeril.

MADERA
Sinónimos: Enmaderado, leña, leño, listón, maderamen, rama, tabla, taco, tarugo, tronco, viga.

MADRE
Sinónimos: Álveo, cauce, causa, lecho, madrastra, madraza, mamá, origen, principio, progenitora, religiosa, sedimento, soltera, sor, superiora.
Antónimos: Consecuencia, descendiente, efecto, fin, hijo.

MADURAR
Sinónimos: Sazonar, granar, florecer, fructificar‖reflexionar, meditar, pensar, cavilar‖curtirse, avezarse, endurecerse.

MAESTRO
Sinónimos: Avezado, ayo, catedrático, diestro, doctor, dómine, ducho, experto, hábil, instructor, licenciado, músico, pedagogo, perito, profesor, torero.
Antónimos: Alumno, colegial, discípulo, escolar, estudiante.

MAFIA
Sinónimos: Hampa, camorra.

MAGIA
Sinónimos: Brujería, hechicería, nigromancia, ocultismo, maleficio‖prestidigitación, ilusionaimso‖encanto, seducción, hechizo, atractivo.

MAGNETISMO
Sinónimos: Electroimán, hipnosis, hipnotismo, sugestión, imán, mesmerismo.

MAGO
Sinónimos: Brujo, diablillo, duende, esfinge, hechicero, nigromante.

MAGULLAR
Sinónimos: Contusionar, herir, lastimar, lesionar, lacerar, golpear, maltratar.

MAL
Sinónimos: Adversidad, calamidad, castigo, desastre, desgracia, destrozo, hecatombe, infortunio, pérdida, quebranto, ruina, siniestro.
Antónimos: Beneficio, bien, bienestar, bondad, dicha, provecho, riqueza.

MALDICIÓN
Sinónimos: Imprecación, abominación, condenación, reniego.
Antónimos: Bendición, alabanza.

MALEANTE
Sinónimos: Bandido, bellaco, bribón, canalla, estafador, ladrón, truhán, vago.
Antónimos: Benefactor, bueno, cándido, honrado, noble, sincero, trabajador.

MALESTAR
Sinónimos: Desazón, inquietud, desasosiego, molestia, intranquilidad, pesadumbre.
Antónimos: Bienestar, salud, euforia.

MALHUMOR
Sinónimos: Adustez, enfado, brusquedad, enojo, ira.
Antónimos: Buenhumor, afabilidad, alegría, jovialidad, júbilo.

MALICIA
Sinónimos: Maldad, malignidad, perversidad.
Antónimos: Bondad, benevolencia.

MALO
Sinónimos: Criminal, cruel, depravado, desalmado, feroz, maligno, malvado, pérfido, perverso, reo, réprobo, sádico, sinvergüenza.
Antónimos: Bondadoso, bueno, compasivo, humano, indulgente, magnánimo, santo, virtuoso.

MALOGRAR
Sinónimos: Evitar, impedir, prevenir.
Antónimos: Aprovechar, conseguir, lograr.

MALTRATAR
Sinónimos: Atormentar, dañar, golpear, oprimir, regañar, vejar, zarandear.
Antónimos: Acariciar, atender, mimar.

MAMAS
Sinónimos: Busto, pecho, pezón, senos, tetas, ubres.

MANCHA
Sinónimos: Churrete, desdoro, deshonra, estigma, lamparón, mácula, mancilla, tilde, tizne.

MANDAR

Sinónimos: Decretar, dictar, dirigir, disponer, encomendar, enviar, expedir, gobernar, ordenar, regir, remitir, preceptuar.
Antónimos: Acatar, cumplir, obedecer, secundar.

MANEJAR

Sinónimos: Ajar, blandir, dirigir, enredar, guiar, maniobrar, manipular, manosear, menear, palpar, regir, tantear, tentar, tocar, sobar, usar.

MANÍA

Sinónimos: Rareza, extravagancia, capricho, antojo, chifladura, obsesión.
Antónimos: Sensatez, cordura, ponderación, equilibrio.

MANIFESTAR

Sinónimos: Expresar, exponer, revelar, mostrar, decir, publicar, exteriorizar.
Antónimos: Ocultar, esconder, celar, callar, disimular.

MANIPULAR

Sinónimos: Manejar, operar, actuar, tocar, maniobrar, emplear‖adulterar, viciar, falsificar.
Antónimos: Abandonar, dejar.

MANIQUÍ

Sinónimos: Modelo, muñeco.

MANSO

Sinónimos: Dócil, sosegado, tranquilo, apacible, obediente, afable.
Antónimos: Inquieto, airado, irascible, irritable.

MANTENER

Sinónimos: Alimentar, nutrir, sustentar, sostener‖amparar, apoyar, ayudar, proteger.
Antónimos: Ayunar, desnutrirse‖desamparar, desasistir, desentenderse.

MANTECA

Sinónimos: Mantequilla, margarina, nata.

MAÑANA

Sinónimos: Alba, aurora, madrugada.
Antónimos: Atardecer, ayer, noche, ocaso, tarde.

MAQUILLAR

Sinónimos: Acicalar, arreglar, pintar.

MÁQUINA

Sinónimos: Aparato, artefacto, artilugio, dispositivo, ingenio, instrumento, maquinaria, mecanismo, trasto.

MAR

Sinónimos: Abundancia, cantidad, «charco», golfo, marisma, piélago.
Antónimos: Continente, suelo, tierra.

MARAVILLADO
Sinónimos: Admirado, anonadado, asombrado, atónito, aturdido, estupefacto, extasiado.

MARAVILLOSO
Sinónimos: Admirable, asombroso, encantado, estupendo, inaudito, increíble, inefable, inusitado, milagroso, monstruoso, pasmoso, portentoso, prodigioso, sorprendente.
Antónimos: Común, corriente, habitual, prosaico, ordinario, vulgar.

MARIPOSA
Sinónimos: Lepidóptero, palomilla.

MARRÓN
Sinónimos: Bayo, castaño.

MARTILLO
Sinónimos: Almádena, azote, batán, martinete, maza, mazo, percusor, percutor, perseguidor.

MARTIRIO
Sinónimos: Suplicio, tortura, tormento, sacrificio, persecución, inmolación.

MASA
Sinónimos: Aglomeración, amasijo, conjunto, chusma, magma, montón, multitud.

MÁSCARA
Sinónimos: Antifaz, carátula, careta, disfraz, disimulo.

MATADERO
Sinónimos: Degolladero, desolladero.

MATANZA
Sinónimos: Degollina, estrago, exterminio, hecatombe, masacre, mortandad.

MATAR
Sinónimos: Apiolar, asesinar, decapitar, degollar, desnucar, despenar, ejecutar, fusilar, linchar, suprimir.

MATERIAL
Sinónimos: Concreto, corporal, corpóreo, físico, palpable, real, visible.
Antónimos: Abstracto, espiritual, incorpóreo, inmaterial, irreal, moral.

MATIZ
Sinónimos: Gama, tono, gradación.

MATRIMONIO
Sinónimos: Bodas, casamiento, connubio, enlace, esponsales, coyunda, desposorio, emparejamiento, unión, himeneo, nupcias.
Antónimos: Divorcio, repudio, separación.

MEDALLA
Sinónimos: Chapa, distinción, galardón, placa, premio.

MEDIADOR
Sinónimos: Casamentero, corredor, chalán, intercesor, intermediario, negociador, pacificador, proxeneta, rufián, traficante, comerciante, tratante.

MEDIAS
Sinónimos: Calcetines.

MEDICINA
Sinónimos: Anatomía, biología, cirugía, farmacología, fisiología, ginecología, higiene, medicamento, ortopedia, patología, pediatría, psiquiatría.

MÉDICO
Sinónimos: Doctor, galeno, facultativo, terapeuta.

MEDIO
Sinónimos: Ayuda, camino, instrumento, modo, manera, posibilidad.
Antónimos: Fin, finalidad, meta, objetivo.

MEDIOCRE
Sinónimos: Adocenado, chapucero, gris, imperfecto, incompleto, insuficiente, ordinario, vulgar.
Antónimos: Ejemplar, esmerado, estupendo, excelente, exquisito, ideal, magistral, notable, perfecto.

MEDIR
Sinónimos: Calcular, comparar, computar, estimar, evaluar, juzgar, pesar, valorar.

MEJILLA
Sinónimos: Carrillo, mandíbula, maxilar, pómulo, quijada.

MENCIONAR
Sinónimos: Citar, aludir, nombrar, referir.
Antónimos: Omitir, olvidar.

MENDIGO
Sinónimos: Pedigüeño, pobre, pordiosero.
Antónimos: Dadivoso, espléndido, rico.

MENOSPRECIAR
Sinónimos: Despreciar, desdeñar, desairar, subestimar, humillar, arrinconar.
Antónimos: Apreciar, valorar.

MENSAJERO
Sinónimos: Correo, enviado, heraldo, mandadero, ordenanza, recadero.

MENTIRA
Sinónimos: Arana, bola, cuento, embuste, falsedad, impostura, infundio, invención, patraña, trola.
Antónimos: Auténtico, autenticidad, franqueza, historia, realidad, sinceridad, verdad.

MERCANCÍA
Sinónimos: Artículos, enseres, géneros, productos.

MERECER
Sinónimos: Ganar, lograr, obtener, premiar, meritar.
Antónimos: Desmerecer, perder.

MERIDIONAL
Sinónimos: Antártico, austral, sureño.
Antónimos: Ártico, boreal, nórdico, septentrional.

MESA
Sinónimos: Altar, bargueño, camilla, escribanía, escritorio, secreter.

MESETA
Sinónimos: Altiplano, calvero, sabana.
Antónimos: Hondonada, vaguada, valle.

MESTIZO
Sinónimos: Criollo, cruzado, híbrido, mixto, mezclado, mulato.
Antónimos: Neto, puro.

META
Sinónimos: Objetivo, finalidad, límite, ambición, ilusión.
Antónimos: Inicio, intento, comienzo.

METER
Sinónimos: Introducir, insertar, empotrar, encerrar, incluir, engastar, engarzar.
Antónimos: Sacar.

MÉTODO
Sinónimos: Costumbre, disposición, norma, organización, orden, procedimiento, regla, regulación, usanza, sistema.
Antónimos: Barullo, confusión, desbarajuste, desconcierto, desorden, embrollo, enredo.

MEZCOLANZA
Sinónimos: Amalgama, brebaje, combinación, fusión, hibridismo, mezcla, miscelánea, mixtura, revoltijo.
Antónimos: Agrupación, clasificación, ordenamiento, organización, taxonomía.

MIEDO
Sinónimos: Alarma, canguelo, aprensión, espanto, despeluzamiento, pánico, pavor, sobresalto, susto, temor, terror, zozobra.
Antónimos: Arrojo, audacia, coraje, intrepidez, osadía, temeridad, valor.

MILAGRO
Sinónimos: Gracia, maravilla, portento, prodigio.

MIMAR
Sinónimos: Acariciar, consentir, halagar, malcriar.
Antónimos: Despreciar, insultar, maltratar, pegar.

MINUCIA
Sinónimos: Bagatela, nadería, nonada.
Antónimos: Algo, entidad, importancia.

MIRADA
Sinónimos: Ceño, ojeada, vistazo.

MIRAR
Sinónimos: Admirar, atisbar, considerar, contemplar, escudriñar, escrutar, espiar, examinar, fijarse, observar, ojear, otear, parver.

MISÁNTROPO
Sinónimos: Arisco, insociable, introvertido, misógino.
Antónimos: Afable, social, tratable.

MISERABLE
Sinónimos: Menesteroso, indigente, necesitado, pobre.
Antónimos: Rico, acaudalado, potentado.
Sinónimos: Desdichado, desgraciado, infeliz.
Antónimos: Dichoso, afortunado.
Sinónimos: Avaro, tacaño, roñoso, mezquino, ruin, cicatero.
Antónimos: Espléndido, generoso, dadivoso.
Sinónimos: Abyecto, despreciable, canalla, vil, bellaco.
Antónimos: Noble, honrado, magnánimo.

MISERICORDIA
Sinónimos: Compasión, clemencia, piedad, lástima, bondad.
Antónimos: Dureza, inhumanidad, crueldad.

MISTERIOSO
Sinónimos: Arcano, disimulado, enigmático, esotérico, hermético, impenetrable, oculto.
Antónimos: Abierto, claro, exotérico, evidente, manifiesto, palmario.

MITIGAR
Sinónimos: Suavizar, paliar, atenuar, calmar, moderar, disminuir, aminorar.
Antónimos: Exacerbar, incrementar, aumentar.

MITIN
Sinónimos: Reunión, asamblea, junta, concentración.

MODA
Sinónimos: Actualidad, alta costura, boga, modo, costura, gusto, manera, novedad, *prêt à porter*, uso.
Antónimos: Antigualla, adefesio, desuso.

MODELO
Sinónimos: Arquetipo, dechado, ejemplo, ideal, módulo, muestra, norma, original, prototipo.

MODERACIÓN
Sinónimos: Templar, atemperar, calmar, mitigar, aliviar, frenar, suavizar.
Antónimos: Exagerar, abusar, encrespar, endurecer.

124

MODERNO

Sinónimos: Actual, contemporáneo, flamante, nuevo, presente, reciente, renovado.

Antónimos: Anticuado, antiguo, añejo, fósil, histórico, arcaico, legendario, pasado, primitivo, antañón, rancio, remoto, superado, trasnochado, vetusto, viejo.

MODIFICAR

Sinónimos: Cambiar, mudar, alterar, variar, reformar, innovar, transformar, evolucionar.

Antónimos: Ratificar, permanecer.

MOJADO

Sinónimos: Bañado, calado, chorreante, desleído, embebido, empapado, ensopado, húmedo, humedecido, rociado.

Antónimos: Agostado, árido, desecado, enjugado.

MOJAR

Sinónimos: Bañar, embeber, empapar, humedecer, regar, irrigar, macerar, remojar.

Antónimos: Agostar, desecar, enjugar, secar.

MOLESTAR

Sinónimos: Acongojar, afanar, chinchar, enfadar.

Antónimos: Apaciguar, aplacar, aquietar, calmar, sosegar, tranquilizar.

MOMENTO

Sinónimos: Circunstancia, instante, minuto, ocasión, oportunidad, punto, segundo, soplo.

Antónimos: Destiempo, eternidad, inmortalidad, perennidad, perpetuidad, rato, universalidad, siglo.

MONARCA

Sinónimos: César, emperador, káiser, negus, rey, soberano, tirano, zar.

MONJE

Sinónimos: Abad, fraile, hermano.

MONO

Sinónimos: Antropoide, cuadrumano, chimpancé, gorila, macaco, mandril, mico, orangután.

MONOPOLIO

Sinónimos: Acaparamiento, exclusiva, trust, cártel, concesión.

MONTE

Sinónimos: Alcor, altura, cerro, colina, collado, cordillera, macizo, montaña, promontorio.

Antónimos: Descampado, estepa, explanada, páramo, llano, llanura, pampa, planicie, raso, sabana.

MONTÓN

Sinónimos: Aglomeración, cúmulo, hacinamiento, infinidad, masa, multitud, porrada, sinnúmero.

Antónimos: Escaso, poco, ralo.

MONTUOSO

Sinónimos: Accidentado, escabroso, escarpado, fragoso, montañoso, rupestre.

Antónimos: Allanado, aplanado, igual, llano, parejo, plano, suave.

MORAL

Sinónimos: Conciencia, decencia, honestidad, honradez, honrado, platónico, puro, recto, virtuoso.

Antónimos: Corrupción, deshonra, desdoro, desvergüenza, impudicia, indecencia, inmoralidad, obscenidad, podredumbre.

MORDAZA

Sinónimos: Bozo, bozal.

MORDER

Sinónimos: Criticar, dentellar, desacreditar, difamar, mordisquear, murmurar, roer.

Antónimos: Adular, alabar, lamer.

MORENO

Sinónimos: Achocolatado, atezado, bronceado, castaño, mulato, negruzco, oscuro, tostado.

Antónimos: Albino, blanco, rubicundo, rubio.

MORIR

Sinónimos: Desaparecer, expirar, extinguir, fallecer, fenecer, finar, perecer, sucumbir.

Antónimos: Brotar, campar, existir, florecer, germinar, nacer, surgir, vivir.

MORO

Sinónimos: Agareno, berberisco, islamita, mahometano, morisco, mudéjar, musulmán, sarraceno.

MORRO

Sinónimos: Ceño, hocico, jeta.

MORTÍFERO

Sinónimos: Fatal, funesto, letal, mortal.

Antónimos: Alentador, animador, providencial, reanimador, resucitador, vital, vivificador.

MOSTRAR

Sinónimos: Demostrar, exhibir, explicar, exponer, indicar, manifestar, presentar, revelar, señalar.

Antónimos: Camuflar, celar, disimular, encubrir, enmascarar, esconder, ocultar, velar.

MOVER

Sinónimos: Agitar, arrastrar, colear, columpiar, desplazar, empujar, girar, mecer, menear, oscilar, propulsar, remover, sacudir, trepidar, vibrar, zarandear.

Antónimos: Anquilosar, atascar, colapsar, paralizar, estancar, paro.

MÓVIL
Sinónimos: Cambiable, causa, desplazable, impulso, inestable, motivo, movible, mudable, razón, variable, vehículo.
Antónimos: Estable, fijo, inmóvil, quieto.

MOVIMIENTO
Sinónimos: Actividad, ademán, alteración, balanceo, cambio, circulación, desplazamiento, evolución, gesto, giro, maniobra, marcha, oscilación, rotación, traslación.
Antónimos: Alto, anquilosis, colapso, descanso, estatismo, inactividad, inmovilidad, parada, parálisis, paro, pausa, inercia, quietud, reposo.

MUCHEDUMBRE
Sinónimos: Afluencia, agolpamiento, bandada, concurso, concurrencia, gentío, lleno, masa, multitud, pueblo, público, tropel, turba, turbamulta.
Antónimos: Desierto, despoblado, retiro, soledad.

MUDO
Sinónimos: Callado, silencioso, silente, sordomudo, taciturno.
Antónimos: Charlatán, hablador, parlanchín.

MUECA
Sinónimos: Ademán, afectación, arrumaco, carantoña, contorsión, gesto, guiño, mohín, visaje.

MUERTE
Sinónimos: Deceso, defunción, eutanasia, expiración, fallecimiento, fin, mortandad, necrosis, óbito.
Antónimos: Existencia, subsistencia, vida, vitalidad.

MUESTRA
Sinónimos: Demostración, escaparate, exposición, feria, mercado, modelo, norma, prueba, vitrina.
Antónimos: Copia, reproducción, traslado.

MUJER
Sinónimos: Amazona, comadre, doncella, esposa, Eva, fémina, hembra, madre, matrona, señora, señorita.
Antónimos: Caballero, doncel, hombre, macho, señor, señorito, varón.

MUJERIEGO
Sinónimos: Casanova, conquistador, donjuán, faldero, gallo, lascivo, lujurioso, mocero, rijoso.
Antónimos: Misógino.

MULETA
Sinónimos: Apoyo, bastón, puntal, sostén.
Antónimos: Dificultad, estorbo, inconveniente, oposición, resistencia.

MULTA
Sinónimos: Castigo, pena, sanción.
Antónimos: Amnistía, condonación, indulto, perdón, sobreseimiento.

MUÑECO
Sinónimos: Pelele, títere.

MURCIÉLAGO
Sinónimos: Quiróptero.

MURMURAR
Sinónimos: Criticar, cotillear, desacreditar, censurar, difamar, zaherir.
Antónimos: Elogiar, alabar, defender, enaltecer, encomiar.

MURO
Sinónimos: Barbacana, biombo, divisorio, mamparo, muralla, murallón, pared, tabique, tapia.

MÚSICA
Sinónimos: Armonía, arpegio, canto, concierto, coro, eufonía, melodía, modulación, motivo, ópera, ritmo, sonata, zarzuela.
Antónimos: Berrido, cacofonía, disonancia, inarmonía, ruido.

MÚSICO
Sinónimos: Artista, compositor, ejecutor, intérprete, instrumental, maestro, melómano, musicófilo, musicólogo, tañedor.
Antónimos: Desafinado, melófobo.

MUTILAR
Sinónimos: Lisiar, amputar, cortar, tullir, cercenar.

MUTUO
Sinónimos: Recíproco, bilateral, solidario, correlativo.

N

NACER
Sinónimos: Originarse, germinar, florecer, brotar, amanecer, surgir, derivar, proceder, emanar, dimanar.
Antónimos: Morir, expirar, fallecer, perecer, sucumbir, fenecer, extinguir.

NACIONAL
Sinónimos: Indígena, aborigen, autóctono, vernáculo, natural, nativo, compatriota.
Antónimos: Extranjero, exótico, extraño, foráneo, forastero, intruso, arribista, advenedizo.

NACIONALISTA
Sinónimos: Regionalista, tradicionalista, patriota.

NADA
Sinónimos: Inexistencia, carencia, falta, cero.
Antónimos: Todo, totalidad, plenitud, íntegro, entero.

NARRACIÓN
Sinónimos: Relato, novela, guión, exposición.

NATIVO
Sinónimos: Natural, oriundo, originario, aborigen, natal.
Antónimos: Extranjero, forastero, alienígena.

NATURAL
Sinónimos: Material, cósmico, biológico, instintivo, fisiológico, orgánico.
Antónimos: Artificial, químico, industrial, elaborado, sintético, mecánico, postizo.

NATURALIDAD
Sinónimos: Sencillez, llaneza, ingenuidad, sinceridad.
Antónimos: Afectación, extravagancia, excentricidad, rareza, ridiculez, cursilería, remilgo, melindre, repulgo, ñoñería, énfasis, ampulosidad.

NÁUSEA
Sinónimos: Arcada, basca, repugnancia, ansia, angustia.
Antónimos: Agrado.

NAVEGAR
Sinónimos: Zarpar, surcar, bogar, viajar, embarcarse.

NECESARIO
Sinónimos: Preciso, indispensable, imprescindible, insustituible, suficiente, obligatorio, estricto, exigible.
Antónimos: Innecesario, superfluo, excusado, sobrado, vano, inútil, obvio.

NEGACIÓN
Sinónimos: Negativa, mentís, no, repulsa.

Antónimos: Afirmación, aseveración, aserto, aserción, asentimiento, sí, declaración, manifestación.

NEGLIGENCIA
Sinónimos: Descuido, dejadez, apatía, indolencia, desidia, abandono, desinterés.
Antónimos: Celo, cuidado, solicitud, esmero, pulcritud, interés, desvelo, asiduidad, diligencia, actividad, aplicación, preocupación, atención, oficiosidad, minuciosidad.

NEGOCIAR
Sinónimos: Comerciar, traficar, vender, comprar||pactar, tratar, convenir, acordar, ajustar.

NEGRO
Sinónimos: Oscuro, sombrío, ensombrecido, enlutado, solemne, luctuoso, azabachado, zaino.
Antónimos: Albo, blanco, nítido, transparente, albino, jalbegado, enjalbegado, encalado, almidonado.

NERVIOSO
Sinónimos: Inquieto, desazonado, intranquilo, exaltado, angustiado.
Antónimos: Tranquilo, sereno, sosegado, calmado.

NEUTRALIDAD
Sinónimos: Abstención, apartamiento, inhibición, indiferencia, ambigüedad.
Antónimos: Beligerancia, partidismo, intervencionismo, injerencia, parcialidad, sectarismo.

NIÑO
Sinónimos: Chico, chiquillo, muchacho, rapaz, arrapiezo, zagal, crío, criatura, churumbel, nene, infante, bebé, chaval, «chavea», pituso, pitufo, pequeñuelo, peque, impúber, menor, párvulo, retoño, pimpollo, mocoso.
Antónimos: Anciano, viejo, decrépito.

NÍTIDO
Sinónimos: Claro, evidente, obvio, neto, puro, terso, transparente.
Antónimos: Opaco, oscuro, borroso, confuso.

NO
Sinónimos: Nones, nunca, jamás.
Antónimos: Sí, cierto, evidente, verdad, efectivamente, naturalmente, bueno, bien, conforme.

NOBLE
Sinónimos: Prócer, magnate, aristócrata, título, *jetset*, hidalgo, gentilhombre, ilustre, principal, claro, preclaro, esclarecido, blasonado, egregio, patricio, excelencia, caballero.
Antónimos: Plebeyo, villano, proletario, ganapán, paria.

NOCHE
Sinónimos: Oscuridad, tinieblas, tenebroso, nocturno, nocturnidad.
Antónimos: Día, luz.

NOMBRAMIENTO
Sinónimos: Designación, elección, exaltación, proclamación.
Antónimos: Destitución, suspensión, separación, exoneración, degradación, jubilación.

NOMBRE
Sinónimos: Denominación, título, dictado, gracia, rótulo, letrero, marbete, epígrafe, inscripción, cédula, etiqueta, marca, expresión, consignación, designación.
Antónimos: Apodo, sobrenombre, mote, remoquete, alias, seudónimo.

NORMA
Sinónimos: Ley, orden, precepto, estatuto, bando, disposición, reglamento.

NORMALIDAD
Sinónimos: Regularidad, naturalidad, equilibrio, equidistancia, perfección, tranquilidad.
Antónimos: Anormalidad, perturbación, crisis, desequilibrio, conflagración, desquiciamiento.

NORTE
Sinónimos: Septentrión, bóreas, boreal.
Antónimos: Sur, mediodía.

NOTICIA
Sinónimos: Suceso, novedad, revelación, informe, reportaje, crónica.

NUEVO
Sinónimos: Flamante, reciente, intacto, moderno, original, inusitado.
Antónimos: Viejo, caduco, usado, ajado, gastado, vetusto, raído, destrozado, deteriorado.

NULO
Sinónimos: Vano, inútil, inservible, ilegal, ilegítimo, desautorizado, cancelado.
Antónimos: Útil, válido, servible, firme, legal, legítimo, autorizado, correcto.

NUNCA
Sinónimos: Jamás.
Antónimos: Siempre, eternamente, perpetuamente, constantemente, continuo.

NUTRIR
Sinónimos: Alimentar, mantener, sustentar, cebar.

Ñ

ÑAGAZA
Sinónimos: Señuelo, cebo, engaño, emboscada.
Antónimos: Realidad, evidencia, autenticidad, certidumbre.

ÑOÑERÍA
Sinónimos: Ñoñez, necedad, sandez, simpleza.
Antónimos: Firmeza, determinación, resolución, ánimo.

ÑOÑO
Sinónimos: Corto, apocado, remilgado, quejoso.
Antónimos: Valiente, resuelto, impulsivo, impávido.

O

OBCECADO
Sinónimos: Obstinado, contumaz, empecinado, obseso, tozudo, testarudo.
Antónimos: Condescendiente, tolerante.

OBEDECER
Sinónimos: Cumplir, acatar, servir, asistir, ceder.
Antónimos: Mandar, gobernar, dirigir, regentar, controlar, administrar, disponer, dominar, imperar, reinar, acaudillar, señorear, ordenar, encargar.

OBEDIENTE.
Sinónimos: Disciplinado, dócil, sumiso, cumplidor, acatador, bienmandado, voluntarioso, complaciente.
Antónimos: Desobediente, inobediente, reacio, indócil, indisciplinado, rebelde, insubordinado, contestatario, desacatador, refractario, remolón, renuente, remiso.

OBESO
Sinónimos: Grueso, gordo, voluminoso, corpulento, rollizo, adiposo, rechoncho, barrigón.
Antónimos: Flaco, delgado, fino, escuálido.

OBJECIÓN
Sinónimos: Reparo, inconveniente, pero, pega, discrepancia.
Antónimos: Conformidad, acuerdo, asentimiento.

OBJETO
Sinónimos: Cosa, elemento, pieza, ente‖finalidad, propósito, objetivo, fin, meta.

OBLICUO
Sinónimos: Inclinado, sesgado, ladeado, torcido, desplomado, vencido, caído, diagonal, transversal.
Antónimos: Perpendicular, derecho, recto, vertical, normal, escarpado.

OBLIGATORIO
Sinónimos: Forzado, forzoso, imperioso, preceptivo, impuesto, necesario, imprescindible, indispensable, riguroso, preciso, indeclinable, inexcusable.
Antónimos: Voluntario, libre, espontáneo, potestativo, arbitrario.

OBRERO
Sinónimos: Trabajador, operario, productor, menestral, bracero, jornalero, artífice, ganapán, faquín, soguilla, esportillero, cargador, estajanovista, peón.
Antónimos: Patrono, jefe, patrón, amo, dueño, empresario, capataz, contratista.

OBSCENO
Sinónimos: Indecente, impúdico, deshonesto, procaz, inmoral, escabroso, sucio.
Antónimos: Decente, púdico, puro, recatado, honesto.

OBSEQUIAR
Sinónimos: Agasajar, regalar, dar, donar, ofrecer, gratificar, homenajear.
Antónimos: Desdeñar, despreciar, menospreciar.

OBSERVAR
Sinónimos: Mirar, examinar, analizar, estudiar, advertir, notar, percibir.

OBSTÁCULO
Sinónimos: Estorbo, impedimento, pega, óbice, traba, dificultad, obstrucción.
Antónimos: Facilidad, apoyo, ayuda.

OBTENER
Sinónimos: Conseguir, alcanzar, lograr, cosechar, recibir, obtener.
Antónimos: Perder, desperdiciar, malograr.

OCIOSO
Sinónimos: Inactivo, desocupado, parado, holgazán, vago, «pasota».
Antónimos: Ocupado, atento, atareado, concentrado, enfrascado, aplicado, laborioso, responsable.

OCULTO
Sinónimos: Encubierto, escondido, velado, reservado, arcano, secreto, furtivo, recóndito, esotérico, soterrado, inescrutable, disimulado, camuflado, apostado, agazapado, emboscado, incógnito, ignorado, ignoto, desconocido.
Antónimos: Latente, patente, evidente, manifiesto, visible, descubierto, expuesto, exteriorizado, notorio, palmario, público, exhibido.

OCUPADO
Sinónimos: Atareado, enfrascado, aplicado, consciente, laborioso.
Antónimos: Ocioso, inactivo, desocupado, parado, vago, renuente, remiso, holgazán.

OCURRIR
Sinónimos: Suceder, pasar, acaecer, acontecer, sobrevenir.

ODIO
Sinónimos: Rencor, aborrecimiento, encono, inquina, animosidad, desamor, aversión, resentimiento, animadversión, resquemor, ojeriza, manía, xenofobia, malquerencia, fobia.
Antónimos: Amor, afecto, cariño, ternura, adoración, entrega, pasión, idolatría, filia, fetichismo, fanatismo, idilio, voluntad, entrañas, ley, corazón, inclinación.

OESTE
Sinónimos: Occidente, poniente, ocaso.
Antónimos: Este, oriente, levante, saliente, naciente.

OFENDER
Sinónimos: Agraviar, injuriar, ultrajar, denigrar, zaherir, difamar, calumniar, vejar, deshonrar.
Antónimos: Elogiar, honrar, alabar, enaltecer, apreciar.

OFERTA
Sinónimos: Propuesta, ofrecimiento, proposición, promesa.
Antónimos: Demanda.

OFUSCACIÓN
Sinónimos: Ofuscamiento, obcecación, alucinación, deslumbramiento, fascinación, aturdimiento, ceguera.
Antónimos: Clarividencia, lucidez, intuición, perspicacia, sagacidaz, agudeza.

¡OH!
Sinónimos: ¡Ah!, ¡arrea!, ¡admirable!, ¡maravilloso!, ¡magnífico!, ¡sensacional!, ¡estupendo!
Antónimos: ¡Bah!, ¡pche!, ¡pchs!, ¡ca!, ¡quia!, ¡fu!

OÍR
Sinónimos: Escuchar, percibir, sentir, auscultar.
Antónimos: Ensordecer, aturdir, desoír.

OLVIDO
Sinónimos: Amnesia, omisión, descuido.
Antónimos: Memoria, retentiva, memento, recuerdo, evocación, remembranza, reminiscencia.

OMITIR
Sinónimos: Callar, olvidar, prescindir, silenciar, evitar, soslayar, obviar.
Antónimos: Mencionar, mentar, citar, nombrar, recordar, aludir, referirse.

ONDULADO
Sinónimos: Undoso, sinuoso, serpenteado, culebreante, tortuoso, retorcido.
Antónimos: Zigzagueante, quebrado, picudo, aserrado, anguloso, articulado.

ONEROSO
Sinónimos: Caro, gravoso, costoso‖pesado, engorroso, molesto, fatigoso.
Antónimos: Liviano, llevadero, ligero, tolerable.

OPACO
Sinónimos: Esmerilado.
Antónimos: Transparente, cristalino, claro, nítido, diáfano, incoloro, traslúcido.

OPERACIÓN
Sinónimos: Acción, ejecución, trabajo, realización‖ejercicio, maniobra‖contrato, negocio, trato, convenio.

OPINIÓN
Sinónimos: Dictamen, parecer, juicio, criterio, sentir, convencimiento.

135

OPONER
Sinónimos: Enfrentar, contradecir, refutar, encarar, combatir, resistir, replicar.
Antónimos: Acceder, admitir, ceder.

OPORTUNO
Sinónimos: Pertinente, indicado, congruente, adecuado, apropiado, conveniente, propio, propicio, coherente, procedente, afortunado, feliz, inspirado.
Antónimos: Inoportuno, impertinente, incongruente, inconveniente, intempestivo, extemporáneo, inadecuado, improcedente.

OPRIMIR
Sinónimos: Avasallar, vejar, tiranizar, sojuzgar, dominar, imponerse, someter.
Antónimos: Liberar, transigir, tolerar.

OPTAR
Sinónimos: Elegir, escoger, seleccionar, decidir, preferir.
Antónimos: Rechazar, renunciar.

OPTIMISTA
Sinónimos: Eufórico, ilusionado, ingenuo, alegre, feliz.
Antónimos: Pesimista, triste, melancólico, deprimido.

ÓPTIMO
Sinónimos: Bonísimo, excelente, inmejorable, extra, superior, extraordinario, meritísimo, magnífico.
Antónimos: Pésimo, malísimo, deplorable, detestable, peyorativo, rematado, funesto, nefasto, infernal, infame, ful, de pacotilla.

ORAR
Sinónimos: Rezar, suplicar, rogar, implorar, invocar, pedir.

ORDEN
Sinónimos: Método, regularidad, armonía, concierto, sistematización, ordenación, organización, clasificación, distribución, estructura, régimen, coordinación, normalización, reglamentación, regulación, articulación, disposición, tranquilidad, disciplina, autoridad, retahíla, hilera, carrera, alineación, procesión, serie, escala, índice, catálogo, sumario, elenco.
Antónimos: Desorden, confusión, desbarajuste, barullo, desconcierto, desorganización, dislocación, perturbación, desquiciamiento, trastorno, alteración, convulsión, revuelo, agitación, subversión, anarquía, revolución, lío, fregado, enredo, tinglado, embrollo, tramoya, cisco, alboroto, algarada, desmán, tumulto, pendencia, revuelta, turbulencia, disturbio.

ORDINARIO
Sinónimos: Común, corriente, regular, natural.
Antónimos: Extraordinario, prodigioso, portentoso, asombroso, maravilloso, pasmoso, mágico, misterioso, sobrenatural, sorprendente,

admirable, peregrino, singular, excepcional, taumatúrgico, milagroso, estupendo.

ORGÁNICO
Sinónimos: Animado, organizado, vivo, vital, biológico, animal, vegetal.
Antónimos: Inorgánico, inanimado, mineral, muerto.

ORGANIZAR
Sinónimos: Arreglar, ordenar, estructurar, fundar, instituir, establecer.
Antónimos: Desordenar, disolver.

ORIENTADO
Sinónimos: Encaminado, dirigido, guiado, encarrilado, enderezado, polarizado, conducido, encauzado.
Antónimos: Desorientado, extraviado, perdido, despistado, desviado, descarriado, descaminado.

ORIGINAL
Sinónimos: Nuevo, singular, extraño, peregrino, inacostumbrado, ingenioso, inusitado.
Antónimos: Vulgar, común, corriente, trivial, manido, trillado, trasnochado, conocido, sabido, visto, ramplón, chabacano, prosaico.

OSCURANTISMO
Sinónimos: Ignorantismo, reaccionarismo, autoritarismo, incultura, ultramontanismo.
Antónimos: Ilustración, cultura, instrucción, progreso, democracia, avance, civilización, libertad.

OSCURO
Sinónimos: Sombrío, tenebroso, lóbrego, nebuloso, brumoso, penumbra, gris, pardo, turbio, borroso, desdibujado, esfumado, abstruso, incomprensible, enrevesado, embrollado, enredado, ininteligible, confuso, caótico, intrincado, enmarañado, laberíntico, revesado, lío, equívoco, anfibológico, enigmático.
Antónimos: Claro, luminoso, meridiano, transparente, diáfano, cristalino, nítido, blanquecino, inteligible, comprensible, evidente, palpable, palmario, patente, obvio, paladino, explícito, inequívoco, concluyente, terminante, rotundo, categórico.

OSTENTAR
Sinónimos: Mostrar, exhibir, enseñar, desplegar‖jactar, alardear, lucirse, enorgullecerse.

OVACIÓN
Sinónimos: Triunfo, aplauso, felicitación, aprobación, vivas, hurras, palmas.

P

PACIENCIA
Sinónimos: Resignación, conformidad, mansedumbre, estoicismo, filosofía, sumisión.
Antónimos: Ira, enojo, rabia, cólera, irritación, coraje, indignación, furia, frenesí, irascibilidad.

PACTAR
Sinónimos: Convenir, acordar, transigir, avenirse, negociar.
Antónimos: Litigar, reñir, disputar.

PADECER
Sinónimos: Sufrir, penar, soportar, aguantar, tolerar, sobrellevar, angustiarse.
Antónimos: Gozar, disfrutar.

PADRE
Sinónimos: Progenitor, papá, padrastro.
Antónimos: Hijo, vástago, retoño, hijastro, heredero, infante, niño, descendiente.

PAGADO
Sinónimos: Retribuido, satisfecho, abonado, costeado, asalariado, mercenario.
Antónimos: Gratuito, regalado, honorífico.

PAGAR
Sinónimos: Satisfacer, abonar, cotizar, pechar, saldar, liquidar, costear, financiar, sufragar, subvencionar.
Antónimos: Cobrar, percibir, recibir, devengar, reintegrar, ingresar, recaudar.

PAÍS
Sinónimos: Patria, nación, estado, territorio, reino.

PAISANO
Sinónimos: Ciudadano, conciudadano, civil, particular.
Antónimos: Militar, soldado, combatiente, guerrero, extranjero.

PALABRA
Sinónimos: Voz, expresión, término, vocablo, dicción, articulación, verbo.
Antónimos: Idea, concepto, noción, percepción, aprehensión, representación, pensamiento, ocurrencia.

PALACIO
Sinónimos: Alcázar, castillo, torre, quinta, chalé, residencia, villa, hotel.
Antónimos: Choza, cabaña, barraca, caseta, chamizo, chabola, pocilga, cuchitril, perrera, garita, tugurio, cubil, rancho.

PÁLIDO
Sinónimos: Descolorido, blanquecino, lívido, macilento, cadavérico.
Antónimos: Sonrosado, colorado.

PALIZA
Sinónimos: Zurra, tunda, somanta, aporreo, azotamiento.
Antónimos: Caricia.

PANFLETO
Sinónimos: Libelo, octavilla, pasquín, volante.

PÁNICO
Sinónimos: Horror, miedo, terror, pavor, espanto, fobia.
Antónimos: Calma, serenidad.

PANTALONES
Sinónimos: Calzones.
Antónimos: Sayas, faldas, enaguas, faldones.

PAR
Sinónimos: Doble, gemelo, pareja, dual, bis.
Antónimos: Impar, nones, único, singular, solo.

PARALELO
Sinónimos: Equidistante, alineado, pautado.
Antónimos: Transversal, cruzado, atravesado, diagonal, secante, perpendicular.

PARAR
Sinónimos: Descansar, estacionar, reposar, detener, estancar, estabilizar, atascar, sentarse, posarse, plantar, fondear, anclar, varar, encallar.
Antónimos: Andar, caminar, marchar, correr, dispararse, galopar, trotar, pasear, callejear, rondar, desfilar, deambular, circular, discurrir, vagar, peregrinar, navegar, transitar, reptar, trasladar, desplazar, mover, pasar.

PARCIAL
Sinónimos: Incompleto, fraccionado, fragmentado, local, segmentado, episódico.
Antónimos: Total, completo, entero, general, universal, pleno, global, íntegro, absoluto.

PARCO
Sinónimos: Exiguo, frugal, sobrio, moderado, ponderado, escaso, templado.
Antónimos: Exagerado, abundante, excesivo.

PARECER(SE)
Sinónimos: Opinión, idea, pensamiento, juicio, consejo, sugerencia||aparentar, asemejarse, presentarse, inclinarse, semejarse.

PARIENTE
Sinónimos: Familiar, deudo, allegado, consanguíneo.
Antónimos: Extraño, ajeno, intruso, advenedizo.

139

PARIR
Sinónimos: Alumbrar, dar a luz, engendrar.

PARLAMENTO
Sinónimos: Alocución, arenga, discurso, proclama, perorata, mitin‖concilio, congreso, corte, asamblea, cámara, cónclave, senado, sínodo.

PARO
Sinónimos: Desempleo, pausa, desocupación, detención, huelga.
Antónimos: Empleo, ocupación.

PARODIAR
Sinónimos: Imitar, fingir, caricaturizar, remedar, ridiculizar.

PARROQUIA
Sinónimos: Feligresía, iglesia, templo, congregación‖clientela, parroquiano, compradores, público.

PARTICIPAR
Sinónimos: Advertir, notificar, informar, avisar, anunciar, comunicar.
Antónimos: Callarse.
Sinónimos: Colaborar, participar, cooperar, ayudar, intervenir, asociarse, contribuir.
Antónimos: Desentenderse, inhibirse.

PARTICULAR
Sinónimos: Especial, singular, individual, personal, específico, privativo, casuístico, concreto, peculiar, propio, característico, excepcional, limitado, restringido, restrictivo, circunscrito, local, esporádico.
Antónimos: General, común, genérico, universal.

PARTIDA
Sinónimos: Marcha, salida, evacuación, ida.
Antónimos: Llegada, arribada, venida, advenimiento.

PARTIDARIO
Sinónimos: Adicto, incondicional, afiliado, aficionado, prosélito, seguidor, simpatizante, adepto.
Antónimos: Oponente, enemigo, adversario.

PASADO
Sinónimos: Pretérito, antiguo, anterior, remoto, precursor, precedente, antecedente, vivido, retroactivo, retrospectivo, antes, atrás, ayer, antaño.
Antónimos: Futuro, venidero, posterior.

PASAR(SE)
Sinónimos: Transportar, mudar, trasladar, llevar, conducir.
Antónimos: Traer.
Sinónimos: Ocurrir, pasar, suceder, acontecer‖superar, aventajar, ganar, rebasar, sobrepujar.
Antónimos: Perder, retrasar.
Sinónimos: Admitir, aprobar, aceptar, perdonar, tolerar, salvar.

Antónimos: Rechazar, desaprobar, reprobar.
Sinónimos: Excederse, extralimitarse, desmandarse, hartar, exagerar.

PASEAR
Sinónimos: Caminar, andar, deambular, callejear, circular, viajar, salir.

PASIVO
Sinónimos: Inactivo, quieto, pausado, calmo, indiferente, alelado, ajeno.
Antónimos: Activo, operante, actuante, ejecutante, vivo, dinámico, bullicioso.

PATENTAR
Sinónimos: Inscribir, legalizar, registrar, conceder.

PATÉTICO
Sinónimos: Dramático, trágico, fúnebre, sombrío, triste, doloroso.
Antónimos: Alegre, gozoso, jubiloso.

PATRIOTISMO
Sinónimos: Civismo, heroísmo, ciudadanía.
Antónimos: Antipatriotismo, incivilidad.

PATROCINAR
Sinónimos: Apadrinar, ayudar, auspiciar, proteger, auxiliar, favorecer, impulsar, socorrer.
Antónimos: Contrariar, obstaculizar.

PATRÓN
Sinónimos: Patrono, empresario, contratista, amo, jefe, dueño, capataz, encargado.
Antónimos: Obrero, trabajador, operario, productor, menestral, bracero, jornalero, artesano, artífice, orífice, ganapán, cargador, peón.

PAUSA
Sinónimos: Parada, detención, alto, intervalo, paréntesis, sosiego.
Antónimos: Continuidad, actividad, dinamismo, vivacidad.

PAZ
Sinónimos: Tranquilidad, sosiego, calma, concordia, amistad, armonía, conciliación, armisticio, tregua.
Antónimos: Guerra, lucha, lid, contienda, pelea, batalla, combate, conflicto, choque, refriega, riña, sarracina, desafío, duelo, pugna, competencia, forcejeo, rivalidad, hostilidad, pugilato, campaña, *match*, escaramuza, liza, torneo.

PECADO
Sinónimos: Falta, culpa, yerro, desliz, mancha, vicio, lacra, imperfección, vileza.
Antónimos: Virtud, honestidad, perfección, moralidad.

PECHO
Sinónimos: Tórax, torso, caja.
Antónimos: Espalda, lomo, costillas.

141

PEDIR

Sinónimos: Rogar, demandar, implorar, solicitar, exhortar, suplicar, impetrar, clamar, instar, postular, recabar, mendigar, pordiosear, requerir, reclamar.
Antónimos: Exigir, obligar, coaccionar, compeler.

PEGA

Sinónimos: Inconveniente, dificultad, obstáculo, contrariedad.
Antónimos: Facilidad, ayuda, apoyo.

PEGAR

Sinónimos: Encolar, engomar, adherir, juntar, coser, unir.
Antónimos: Despegar, desunir, separar.
Sinónimos: Contagiar, contaminar, transmitir, infectar‖reñir, pegar, pelear, golpear, castigar, zurrar, apalear.

PEINAR

Sinónimos: Acicalar, atusar, componer, adornar.

PELAR

Sinónimos: Rapar, cortar, afeitar, trasquilar, rasurar‖mondar, descortezar‖despojar, desvalijar, estafar, desplumar.

PELIGRO

Sinónimos: Riesgo, exposición, inseguridad, amenaza, amago, alarma.
Antónimos: Seguridad, garantía, confianza, solvencia, aval, salvaguardia, salvoconducto, pasaporte, pase, inmunidad, invulnerabilidad, custodia, refugio, escudo, parapeto.

PENDENCIA

Sinónimos: Riña, disputa, controversia, confrontación, reyerta, trifulca, bronca.
Antónimos: Acuerdo, arreglo, negociación.

PENETRAR

Sinónimos: Entrar, ingresar, acceder, introducirse, pasar.
Antónimos: Salir.
Sinónimos: Meter, atravesar, horadar, calar, infiltrar.
Antónimos: Sacar.

PENÍNSULA

Sinónimos: Cabo, punta, morro, promontorio.
Antónimos: Golfo, bahía, rada, ensenada, seno, abra, puerto, fondeadero.

PENITENCIA

Sinónimos: Confesión, arrepentimiento, contrición, expiación, enmienda‖pena, castigo, sufrimiento, disciplina.
Antónimos: Placer, gozo.

PENSAR

Sinónimos: Razonar, discurrir, cavilar, meditar, audizar, reflexionar.

PENURIA

Sinónimos: Carencia, escasez, falta, insuficiencia.
Antónimos: Abundancia.

Sinónimos: Pobreza, indigencia, estrechez, miseria.
Antónimos: Riqueza, bienestar.

PEQUEÑO
Sinónimos: Reducido, diminuto, menudo, minúsculo, microscópico, homeopático, inapreciable, enano, escaso, exiguo, parvo, mínimo, ligero, menguado, raquítico, desmedrado, insignificante, ínfimo, mezquino, ridículo, breve, limitado.
Antónimos: Grande, desmesurado, voluminoso, abultado, enorme, monstruoso, craso, elevado, corpulento, ingente, gigantesco, colosal, ciclópeo, megalítico, sobrehumano, amplio, monumental, ilimitado, considerable, inmenso, desmedido, descomunal, aplastante, arrollador, excesivo.

PERCANCE
Sinónimos: Contratiempo, contrariedad, accidente, daño, desgracia, infortunio.

PERCIBIR
Sinónimos: Advertir, notar, ver, distinguir, divisar, oír, escuchar||cobrar, recaudar, ingresar, recibir.

PERDER
Sinónimos: Extraviar, desaparecer, traspapelar, olvidar.
Antónimos: Hallar, encontrar, topar, tropezar.

PÉRDIDA
Sinónimos: Perjuicio, quebranto, daño, menoscabo, destrozo, avería, siniestro, déficit, desgaste.
Antónimos: Ganancia, utilidad, beneficio, lucro, provecho, producto, rendimiento, interés, rédito, renta, comisión, prima, bonificación.

PERDÓN
Sinónimos: Remisión, absolución, indulto, amnistía, indulgencia, jubileo, gracia, clemencia.
Antónimos: Venganza, represalia, desquite, vindicta, revancha, *vendetta*.

PERECER
Sinónimos: Morir, fallecer, fenecer, terminar, acabarse.
Antónimos: Nacer, vivir, existir, conservarse, permanecer.

PEREZA
Sinónimos: Flojedad, indolencia, negligencia, ociosidad, acidia, desidia, pigricia, holgazanería, haraganería, gandulería, apatía, galbana, poltronería.
Antónimos: Diligencia, actividad, solicitud, prontitud, agilidad, rapidez, prisa, celeridad, dinamismo.

PEREZOSO
Sinónimos: Vago, ocioso, gandul, inactivo, holgazán, negligente, descuidado, remolón.
Antónimos: Diligente, activo, dinámico, emprendedor.

PERFECCIÓN

Sinónimos: Atractivo, don, dote, excelencia, gracia, encanto, mérito, virtud, atributo.

Antónimos: Defecto, imperfección, falta, lunar, tacha, pero, lacra, mácula, vicio, demérito, anormalidad, anomalía, deficiencia, tara.

PERFORAR

Sinónimos: Horadar, taladrar, agujerear, excavar, sondear.

Antónimos: Tapar, obstruir.

PERICIA

Sinónimos: Habilidad, destreza, soltura, maña, práctica, maestría, experiencia.

Antónimos: Torpeza, impericia, inexperiencia.

PERIFERIA

Sinónimos: Contorno, confín, límite, perímetro, rededor, órbita, borde, perfil, cenefa, círculo, circunferencia, margen, orilla, circuito, cerca, orla, marco, superficie, afueras, alrededor, arrabales, suburbios, andurriales, extrarradio, aledaños, cinturón, exteriores, extramuros, barrios.

Antónimos: Centro, núcleo, corazón, médula, meollo, miga, seno, foco, sede, interior, epicentro, eje, ombligo.

PERIÓDICO

Sinónimos: Regular, habitual, asiduo, fijo, reiterado, constante.

Antónimos: Inhabitual, raro, infrecuente.

Sinónimos: Diario, gaceta, noticiero, rotativo.

PERJUDICIAL

Sinónimos: Dañoso, dañino, nocivo, pernicioso, letal, malo, maléfico, malsano, insano, insalubre, desventajoso, oneroso, funesto, nefasto, fatal, desastroso, castastrófico.

Antónimos: Beneficioso, útil, provechoso, interesante, ventajoso, favorable, bueno, saludable, productivo, lucrativo, fructífero, fructuoso, conveniente.

PERJURIO

Sinónimos: Perjuro, prevaricación, mentira, infidelidad, deslealtad, apostasía.

Antónimos: Juramento, homenaje, voto, testimonio, atestación.

PERMANECER

Sinónimos: Seguir, continuar, estabilizarse, perdurar, estacionarse, vivir, durar.

Antónimos: Transformar, alterar, evolucionar, renovar, cambiar, transfigurar, transmutar, variar.

PERMEABLE

Sinónimos: Poroso, penetrable, esponjoso.

Antónimos: Impermeable, impenetrable, tupido, compacto, engomado.

PERMISO

Sinónimos: Licencia, consentimiento, venia, autorización, patente, pasaporte, guía, salvoconducto, despacho, diploma, título, ejecutoria, certificado, beneplácito, espaldarazo, aquiescencia, alternativa.

Antónimos: Prohibición, veto, negativa, impedimento, denegación, privación, repulsa, abstención, entredicho, interdicción.

PERPLEJO

Sinónimos: Confuso, desconcertado, vacilante, dudoso, extrañado, sorprendido.

Antónimos: Decidido, resuelto, firme.

PERPENDICULAR

Sinónimos: Derecho, recto, vertical, normal, plomada.

Antónimos: Oblicuo, inclinado, sesgado, ladeado, torcido, desplomado, vencido, caído, diagonal, transversal, pendiente, reclinado.

PERPETUO

Sinónimos: Perdurable, eterno, inacabable, imperecedero, indefinido, permanente, duradero, imborrable, indeleble, inextinguible, perenne, vivaz, vitalicio, secular.

Antónimos: Temporal, finito, efímero, fugaz, pasajero, transitorio, acabable, perecedero.

PERSEGUIR

Sinónimos: Seguir, acosar, hostigar, correr, ahuyentar.

Antónimos: Huir, escapar, alejarse, apartarse, fugarse, evadirse, escabullirse, desertar.

PERSEVERAR

Sinónimos: Perdurar, mantenerse, permanecer, persistir, proseguir, continuar, insistir, obstinarse.

PERSONA

Sinónimos: Individuo, sujeto, hombre, alma, ser, prójimo, racional, semejante, humano, hermano, criatura, público, habitante, morador, poblador, residente, domiciliado, vecino.

Antónimos: Cosa, objeto, utensilio, apero, efecto, bártulo, cachivache, chirimbolo, juguete, herramienta.

PERSUADIR

Sinónimos: Inducir, mover, convencer, demostrar, cerciorarse, asegurarse, catequizar.

Antónimos: Disuadir, desengañar.

PESADO

Sinónimos: Grave, plúmbeo, denso, espeso, macizo.

Antónimos: Liviano, ligero, leve, ingrávido, etéreo.

PÉSAME

Sinónimos: Sentimiento, dolor, condolencia.

Antónimos: Felicitación, enhorabuena, parabién, pláceme, congratulación, albricias, votos.

PERTURBAR
Sinónimos: Agitar, inquietar, alterar, alborotar, turbar, intranquilizar, desazonar.
Antónimos: Sosegar, calmar, serenar, apaciguar.

PESIMISTA
Sinónimos: Desesperanzado, desmoralizado, melancólico, negativo, desilucionado.
Antónimos: Optimista, animoso, positivo.

PÍCARO
Sinónimos: Pillo, bribón, granuja, golfo, tunante, descarado, malicioso.
Antónimos: Ingenuo, sincero, veraz, honrado, honesto.

PIE
Sinónimos: Planta, pata, «pinreles», «quesos», cascos, extremidades.

PIEDAD
Sinónimos: Clemencia, compasión, conmiseración, lástima, perdón.
Antónimos: Indiferencia, frialdad.
Sinónimos: Devoción, fe, fervor, religiosidad.
Antónimos: Irreligiosidad, impiedad.

PILLAR
Sinónimos: Agarrar, atrapar, coger, sorprender, pescar, cazar||hurtar, saquear, robar, sustraer||comprender, entender, percatarse||hallarse, estar.

PILLO
Sinónimos: Pícaro, pillete, truhán, galopín, bribón, bellaco, perillán, tuno, tunante, sinvergüenza, fresco, caradura, vil, ruin, bergante, tronera, calavera, arrastrado, «pinta», canalla, randa, granuja, inmoral, desaprensivo, golfo, perdulario, «apache», indeseable, maleante.
Antónimos: Honrado, probo, íntegro, fiel, decente, honesto, justo, recto, digno, puritano, incorruptible.

PINTURA
Sinónimos: Cuadro, lienzo, fresco, tela, estampa, boceto, dibujo||cosmético, afeite||color, barniz, esmalte, colorante.

PIROPO
Sinónimos: Lisonja, requiebro, galantería, flor, halago, alabanza.

PISAR
Sinónimos: Andar, hollar, aplastar, estrujar, pisotear, patear.

PITAR
Sinónimos: Silbar, chiflar, abuchear, protestar, desaprobar, patalear.
Antónimos: Aplaudir, aclamar, ovacionar.

PLACER
Sinónimos: Gusto, deleite, goce, delectación, fruición, delicia, cosquilleo, complacencia, agrado, bienestar, regalo, molicie, satisfacción, voluptuosidad, concupiscencia, refinamiento.

Antónimos: Dolor, sufrimiento, padecimiento, malestar, daño, tortura, tormento, suplicio, potro, martirio, escozor, masoquismo, torcedor, picor, picazón, comezón, pena, pesar, amargura, aflicción, congoja, duelo, grima.

PLANEAR
Sinónimos: Planificar, proyectar, preparar, programar, diseñar, calcular, idear, concebir.
Antónimos: Improvisar.

PLAZA
Sinónimos: Glorieta, rotonda, plazoleta, plazuela, explanada‖mercado, lonja, zoco‖coso, ruedo‖ciudad, ciudadela, villa, lugar, población‖asiento, sitio‖empleo, cargo, puesto, oficio.

PLEBE
Sinónimos: Chusma, masa, turba, tropel, muchedumbre, populacho.

PLEBEYO
Sinónimos: Villano, proletario, ganapán, paria, pelagatos.
Antónimos: Noble, prócer, magnate, primate, aristócrata, hidalgo, gentilhombre, ilustre, principal, claro, esclarecido, preclaro, blasonado, egregio, patricio, caballero.

PLEGAR
Sinónimos: Doblar, plisar, recoger, enrollar.
Antónimos: Desplegar, extender, desdoblar, desarrollar, desenrollar, tender.

PLENO
Sinónimos: Completo, lleno, atestado, abarrotado, henchido, rebosante.
Antónimos: Vacío, desocupado, mermado, atenuado.

PLURALIDAD
Sinónimos: Multiplicidad, diversidad, varios, muchos, muchedumbre, constelación, conjunto, colectividad, familia, caravana, pléyade, plantel, agrupación, vivero, serie, equipo, grupo, batería, juego, colección, lote, comité, junta, consejo, cabildo, piquete, brigada, cuadrilla.
Antónimos: Unidad, uno, individualidad, impar, único, singularidad, módulo.

POBLAR
Sinónimos: Colonizar, repoblar, establecerse, asentarse, ocupar.
Antónimos: Despoblar, emigrar.

POBRE
Sinónimos: Menesteroso, necesitado, indigente, mendigo, pordiosero, miserable, desheredado, descamisado, insolvente, arruinado.
Antónimos: Rico, adinerado, acaudalado, capitalista, propietario, potentado, opulento, hacendado, acomodado, terrateniente, pudiente, millonario, multimillonario, burgués, rentista, financiero, banquero.

147

POCO

Sinónimos: Escaso, contado, reducido, raro, insuficiente, limitado, moderado, parco.

Antónimos: Mucho, abundante, demasiado, numeroso, sinfín, innumerable, incalculable, múltiple, excesivo.

PODER

Sinónimos: Mando, poderío, dominio, autoridad, potestad, supremacía, pujanza, señorío.

Antónimos: Sumisión, subordinación, sometimiento.

Sinónimos: Potencia, fuerza, vigor, energía, empuje.

Antónimos: Incapacidad, impotencia.

Sinónimos: Permiso, autorización, licencia, concesión, privilegio|| valer, ser capaz.

PODERDANTE

Sinónimos: Comitente, representado, principal.

Antónimos: Apoderado, representante, secretario, habilitado, procurador, abogado, agente, administrador, mayordomo, intendente, poderhabiente, factótum, lugarteniente, vicario, regente, portavoz, intérprete, delegado, corresponsal, consignatario, embajador, mensajero.

PODRIDO

Sinónimos: Descompuesto, putrefacto, corrompido, infecto, ulcerado, pasado, rancio.

Antónimos: Sano, fresco.

POETA

Sinónimos: Vate, trovador, juglar, rapsoda, versificador, coplero.

Antónimos: Prosista, escritor, publicista, cronista, periodista, redactor, historiador, novelista, ensayista.

POLÉMICA

Sinónimos: Antagonismo, disputa, discrepancia, controversia, debate, altercado, litigio, discusión.

Antónimos: Acuerdo, pacto, negociación.

POLIÉDRICO

Sinónimos: Cristalizado, plano, anguloso, paralelepípedo, cúbico.

Antónimos: Esférico, redondo, globular, granular, vesicular.

POLÍTICO

Sinónimos: Público, administrativo, ministerial, gubernamental, gubernativo||estadista, líder, dirigente, mandatario||astuto, diplomático, hábil, cortés.

Antónimos: Torpe, zafio.

PONDERAR

Sinónimos: Elogiar, encarecer, ensalzar, enaltecer, encomiar, alabar, aplaudir||sopesar, considerar, examinar, estudiar, analizar.

PONER
Sinónimos: Situar, colocar, montar, instalar, adaptar, meter, introducir, plantar, preparar.
Antónimos: Eliminar, quitar, suprimir.
Sinónimos: Vestir, colocarse, calzarse, aderezarse||llamar, apodar, motejar.

POPULAR
Sinónimos: Sencillo, común, normal, habitual.
Antónimos: Escogido, selecto, distinguido.
Sinónimos: Conocido, famoso, público, divulgado, respetado, querido, admirado.

PORFIAR
Sinónimos: Insistir, machacar, obstinarse, empeñarse, empecinarse, obcecarse.
Antónimos: Ceder, renunciar, negociar.

PORTENTO
Sinónimos: Maravilla, milagro, prodigio, asombro, admiración, estupefacción.

PORVENIR
Sinónimos: Destino, futuro, mañana, suerte, predicción, fortuna||venidero, ulterior, pendiente.
Antónimos: Pasado, pretérito.

POSADA
Sinónimos: Mesón, fonda, hospedería, hostería, albergue, venta, hostal.

POSEER
Sinónimos: Tener, tomar, detentar, disfrutar, gozar, comprar, adquirir||saber, dominar, conocer||abusar, gozar, forzar, fornicar, yacer, aparearse.

POSIBLE
Sinónimos: Factible, realizable, hacedero, dable, asequible, verosímil.
Antónimos: Imposible, irrealizable, impracticable, inverosímil, quimérico, utópico, increíble, inasequible.

POSTERIDAD
Sinónimos: Retraso, ulteriormente, porvenir, venidero, siguiente, detrás, después, luego, seguidamente, inmediatamente, mañana.
Antónimos: Anterioridad, antelación, prelación, precedencia, delante, prioridad, previamente, primeramente, anticipadamente, antes, víspera, antecedente, proximidad, premisa.

POTENCIAR
Sinónimos: Desarrollar, aumentar, impulsar, favorecer, fortalecer, fortificar.

PRÁCTICA
Sinónimos: Ejercicio, experimentación, experiencia, empirismo, pragmatismo.

Antónimos: Teoría, teórica, ciencia, tesis, doctrina, explicación, disquisición, especulación, elucubración.

PRECEDER
Sinónimos: Anteceder, anteponer, adelantarse, anticiparse.
Antónimos: Seguir, suceder, posponer.

PREGUNTAR
Sinónimos: Interrogar, demandar, interpelar, apostrofar, consultar, abordar, sonsacar.
Antónimos: Responder, contestar, replicar.

PREMIO
Sinónimos: Recompensa, galardón, trofeo, distinción, diploma, nombramiento, condecoración, lauro.
Antónimos: Castigo, sanción, correctivo, multa, punición, penitencia, filípica, pena, condena, escarmiento.

PRESENTE
Sinónimos: Circunstante, asistente, concurrente, espectador, testigo.
Antónimos: Ausente, inasistente.

PRESENTIR
Sinónimos: Barruntar, intuir, sospechar, conjeturar, augurar, prever, presagiar.

PRESTIGIO
Sinónimos: Autoridad, influencia, predicamento.
Antónimos: Demérito, descrédito, desprestigio, insolvencia.

PRESUMIR
Sinónimos: Sospechar, suponer, conjeturar, imaginarse, creer‖alardear, vanagloriarse, jactarse, creerse, fanfarronear.
Antónimos: Humillarse, rebajarse.

PRETENDER
Sinónimos: Intentar, procurar, buscar, desear, ambicionar, acometer, ansiar, reclamar.
Antónimos: Renunciar, desistir, ceder.
Sinónimos: Aparentar, simular, fingir‖cortejar, conquistar.

PRETEXTO
Sinónimos: Excusa, disculpa, justificación, evasión, simulación, motivo, salida.
Antónimos: Sinceridad, verdad, claridad.

PREVISTO
Sinónimos: Descontado, esperado, calculado, preconcebido, conjeturado, dispuesto.
Antónimos: Imprevisto, inesperado, repentino, inopinado, impensado, insospechado, ocasional.

PRIMERO
Sinónimos: Primitivo, inicial, original, inaugural, madrugador, prístino.
Antónimos: Último, postrero, ulterior, final.

PRIMITIVO
Sinónimos: Originario, original, prístino, matriz, aborigen, ancestral, primario.
Antónimos: Derivado, procedente, descendiente, originado, resultante, filial.

PRINCIPAL
Sinónimos: Primordial.
Antónimos: Secundario, accidental, accesorio.
Sinónimos: Ilustre, noble, distinguido, cabeza, jefe, encargado, gerente.

PRINCIPIO
Sinónimos: Comienzo, inicio, debut, iniciación, inauguración, orto, estreno, aurora, albor, alborada, amanecer, génesis, origen, fuente, germen, embrión, gestación, lavar, obertura, pórtico, prólogo, exordio, introducción, introito, preámbulo, prenoción, prolegómeno, preliminar, prefacio, escarceo.
Antónimos: Fin, término, conclusión, epílogo, terminación, consumación, desenlace, caducidad, remate, coronamiento, corolario, conclusión, ocaso, postrimería, muerte, meta, finalidad, destino, propósito, norte, objetivo.

PRINGAR(SE)
Sinónimos: Engrasar, ensuciar, untar, tiznar.
Antónimos: Limpiar.
Sinónimos: Implicarse, involucrar, enredar, complicar, comprometer, denigrar.

PRIVAR
Sinónimos: Despojar, desposeer, arrebatar, desheredar, usurpar, expoliar, expropiar, apartar.
Antónimos: Dar, otorgar, conceder.

PRIVILEGIO
Sinónimos: Gracia, prerrogativa, preferencia, prioridad, excepción, fuero, dispensa.
Antónimos: Postergación, preterición, olvido, omisión.

PROBLEMA
Sinónimos: Duda, pregunta, cuestión, dilema, incógnita, ejercicio, asunto‖disgusto, preocupación, traba, contrariedad, dificultad, contratiempo, inconveniente, obstáculo.

PROCEDER
Sinónimos: Descender, arrancar, surgir, emanar, venir, derivarse, originarse, seguirse, deberse, salir‖portarse, obrar, ejecutar, conducirse‖conducta, actitud, comportamiento, estilo, actuación.

PROCLAMAR
Sinónimos: Publicar, divulgar, anunciar, pregonar, revelar, notificar‖aclamar, nombrar, designar, coronar, elegir, distinguir.
Antónimos: Callar, ocultar, silenciar.

PROCURAR(SE)
Sinónimos: Intentar, pretender, esforzarse, acometer, emprender, empezar, proyectar, trabajar, adquirir.

PRODUCIR(SE)
Sinónimos: Hacer, fabricar, trabajar, crear, elaborar, realizar.
Antónimos: Consumir, perder.
Sinónimos: Obtener, rendir, rentar, reportar‖ocasionar, provocar, resultar, originar, suceder.

PROFANACIÓN
Sinónimos: Sacrilegio, irreverencia, violación.
Antónimos: Culto, liturgia, rezo, oficio, devoción, rito.

PROFANO
Sinónimos: Mundano, temporal, terreno, laico, civil, secular, seglar.
Antónimos: Sagrado, sacro, santo, sacratísimo, sacrosanto, divino, eclesiástico, canónico, religioso, consagrado, bendito.

PROGRESISTA
Sinónimos: Avanzado, renovador, reformista, ilustrado.
Antónimos: Conservador.

PROHIBICIÓN
Sinónimos: Veto, negativa, denegación, impedimento, privación, repulsa, abstención, entredicho, tabú.
Antónimos: Permiso, licencia, consentimiento, venia, autorización, beneplácito, visto bueno, aquiescencia.

PRÓJIMO
Sinónimos: Individuo, tipo, tío, pariente, fulano, hermano, igual, afín, allegado.

PROLONGAR
Sinónimos: Alargar, dilatar, extender, durar, pasar, ensanchar, ampliar, continuar.
Antónimos: Acortar, reducir.
Sinónimos: Retrasar, aplazar, diferir, postergar, prorrogar, demorar.
Antónimos: Abreviar.

PROMETER
Sinónimos: Proponer, ofrecer, convenir, garantizar, obligarse, asegurar, afirmar, consagrar.
Antónimos: Negar, resistirse.

PROMULGAR
Sinónimos: Publicar, proclamar, dictar, disponer, ordenar, decretar, establecer, legislar.
Antónimos: Derogar, abolir, anular, abrogar, revocar, cancelar, invalidar, suprimir.

PRONTO
Sinónimos: Rápido, ligero, veloz, raudo, presuroso, acelerado, breve, activo, febril, urgente.
Antónimos: Lento, espacioso, despacio.

PROPIO
Sinónimos: Característico, peculiar, privativo, adecuado, indicado, típico, clásico, proverbial, tradicional, esencial, atañente, referente, correspondiente, exclusivo, personal.
Antónimos: Impropio, inconveniente, improcedente.

PROPORCIÓN
Sinónimos: Armonía, eurritmia, conformidad, correspondencia, equilibrio, relación, combinación, simetría.
Antónimos: Desproporción, desarmonía, asimetría, desequilibrio, desigualdad.

PROPUGNAR
Sinónimos: Defender, amparar, sustentar, mantener, sostener, abogar.
Antónimos: Impugnar, rebatir, argüir, argumentar, refutar, combatir, objetar, replicar, contradecir, recusar, confutar.

PROSCRIBIR
Sinónimos: Expulsar, desterrar, expatriar, deportar, confinar||prohibir, impedir, vetar, suprimir.
Antónimos: Autorizar.

PROSISTA
Sinónimos: Escritor, publicista, cronista, redactor, novelista, periodista, ensayista.
Antónimos: Poeta, vate, trovador, juglar, rapsoda, coplero, versificador.

PROSPERIDAD
Sinónimos: Florecimiento, esplendor, auge, engrandecimiento, apogeo, brillantez, plétora, mediodía, madurez, cumbre.
Antónimos: Decadencia, declinación, ocaso, crepúsculo, postración, crisis, debilidad, decrepitud, acabamiento, ruina, adversidad.

PROSTITUTA
Sinónimos: Ramera, furcia, zorra, puta, meretriz, cortesana, buscona, netaira.

PROTEGER
Sinónimos: Preservar, refugiarse, resguardar, ayudar, apoyar, defender, tutelar, custodiar, cuidar, socorrer.
Antónimos: Abandonar, atacar, desentenderse.

PROTESTAR
Sinónimos: Abuchear, silbar, pitar, patear, gritar, sisear, abroncar, indignarse.
Antónimos: Aplaudir, ovacionar, palmotear, aclamar, vitorear, jalear, aprobar, alabar, ensalzar.

PROVECHO
Sinónimos: Beneficio, utilidad, ganancia, ventaja, lucro, producto, recompensa, rendimiento.
Antónimos: Inutilidad, ineficacia.

153

PROVIDENCIA
Sinónimos: Previsión, prevención, precaución, remedio, arreglo, orientación.

PROVISIONAL
Sinónimos: Interino, sustituto, suplente, temporal, accidental, eventual, transitorio, pasajero.
Antónimos: Fijo, permanente, estable, inalterable, invariable, duradero, inamovible, inconmovible, inextinguible, imborrable, indeleble, definitivo.

PRÓXIMO
Sinónimos: Cercano, vecino, contiguo, anexo, fronterizo, limítrofe.
Antónimos: Lejano, apartado, remoto.

PROYECTO
Sinónimos: Plan, planteamiento, programa, propósito, intención, designio, intento, idea, concepción, tentativa, conato, proposición, propuesta, supuesto, minuta, trazado, boceto, síntesis, apunte, sinopsis, nota, plano.
Antónimos: Realización, ejecución, hecho, obra.

PRUDENCIA
Sinónimos: Discernimiento, sensatez, cordura, discreción, sindéresis, cautela, circunspección.
Antónimos: Imprudencia, indiscreción, temeridad, ligereza, insensatez, inconveniencia, impertinencia.

PRUEBA
Sinónimos: Comprobación, demostración, justificación, testimonio, documento, dato, razón, argumento, examen, versificación, manifestación, muestra, exponente, espécimen, señal, prenda, arras, garantía.
Antónimos: Indicio, síntoma, señal, muestra, signo, síndrome, vestigio, recuerdo, pista, presagio, augurio.

PSICOLÓGICO
Sinónimos: Psíquico, anímico, espiritual, interior.

PUBLICAR
Sinónimos: Editar, imprimir, tirar.
Sinónimos: Divulgar, difundir, propagar, revelar, avisar, notificar, propalar.
Antónimos: Ocultar, callar, silenciar.

PÚBLICO
Sinónimos: Oficial, externo, espectacular, social, callejero, comunal, civil.
Antónimos: Privado, familiar, doméstico, íntimo, particular, oficioso, personal.

PUEBLO
Sinónimos: Población, poblado, villa, aldea, municipio‖país, nación, estado, patria‖vecindario, nativos, habitantes, pobladores, indígenas‖tribu, raza, clan, casta, linaje.

PUGNAR
Sinónimos: Batallar, combatir, competir, pelear.
Antónimos: Pacificar, apaciguar, tranquilizar.
Sinónimos: Procurar, porfiar, insistir, afanarse.
Antónimos: Renunciar, ceder.

PUNTUAL
Sinónimos: Regular, exacto, preciso, formal, diligente, rápido.
Antónimos: Impuntual, informal, dudoso.

PUREZA
Sinónimos: Castidad, inocencia, virginidad, pudor.
Antónimos: Apaciguarse, serenarse, tranquilizarse.

PURO
Sinónimos: Natural, genuino, neto, virgen, legítimo, limpio, seleccionado, purificado.
Antónimos: Impuro, adulterado, mistificado, falseado, falsificado, mezclado, viciado, sucedáneo, sustitutivo, supletorio, híbrido, corrompido, bastardeado, prostituido.

PUSILANIMIDAD
Sinónimos: Flaqueza, debilidad, desaliento, desánimo, encogimiento, cobardía, claudicación.
Antónimos: Fortaleza, entereza, firmeza, temple, integridad, resistencia, estoicismo, ecuanimidad.

Q

QUEBRADIZO
Sinónimos: Delicado, quebrajoso, frágil, vidrioso.
Antónimos: Firme, fuerte, duro, robusto.

QUEBRADO
Sinónimos: Fraccionado, dividido, debilitado, fallido.
Antónimos: Completo, íntegro, todo, total.

QUEBRANTAR
Sinónimos: Dividir, romper, hendir, vulnerar.
Antónimos: Conformar, reforzar, robustecer, alentar.

QUEBRANTO
Sinónimos: Desaliento, desánimo, debilidad, deterioro.
Antónimos: Favor, servicio, provecho, fruto.

QUEBRAR
Sinónimos: Romper, separar, fracturar, doblar.
Antónimos: Enlazar, juntar, ligar, fusionar.

QUEDAR
Sinónimos: Estar, permanecer, detenerse, subsistir.
Antónimos: Marcharse, partir, largarse, trasladarse.

QUEJA
Sinónimos: Clamor, descontento, lamento.
Antónimos: Anuencia, aprobación, acuerdo, aquiescencia.

QUEJOSO
Sinónimos: Disgustado, resentido, gemebundo, melindroso.
Antónimos: Paciente, tolerante, resistente.

QUEMAR
Sinónimos: Incinerar, incendiar, arder.
Antónimos: Extinguir, sofocar, disipar, aplacar.

QUERELLA
Sinónimos: Pendencia, disputa, discordia, pleito.
Antónimos: Arreglo, acuerdo, convenio, anuencia.

QUERENCIA
Sinónimos: Afecto, tendencia, inclinación, propensión.
Antónimos: Apatía, indiferencia, desapego, frigidez.

QUERER
Sinónimos: Amar, apreciar, desear, anhelar.
Antónimos: Detestar, abominar, despreciar, aborrecer.

QUID
Sinónimos: Razón, causa, motivo, busilis.
Antónimos: Efecto, corolario, conclusión, deducción.

QUÍDAM
Sinónimos: Ente, sujeto, alguien, cualquiera.

QUIEBRA
Sinónimos: Abertura, hendidura, grieta, perjuicio.
Antónimos: Beneficio, ganancia, conveniencia.

QUIETISMO
Sinónimos: Inacción, inercia, quietud, inactividad.
Antónimos: Aceleración, apresuramiento, apuramiento.

QUIETO
Sinónimos: Inmóvil, calmado, reposado, tranquilo.
Antónimos: Inquieto, agitado, convulso, excitado.

QUIETUD
Sinónimos: Inmovilidad, estatismo, estática, inacción, inactividad, colapso, parálisis, paro, interrupción, paralización, anquilosis, reposo, estabilidad, estancamiento.
Antónimos: Movimiento, actividad, dinamismo, desplazamiento, movilización, torbellino, remolino, marcha, traslación, curso, oscilación, palpitación, latido.

QUIJOTE
Sinónimos: Soñador, iluso, idealista.
Antónimos: Materialista.

QUIMERA
Sinónimos: Ilusión, utopía, ensueño, ficción.
Antónimos: Verdad, autenticidad, existencia, propiedad.

QUIMÉRICO
Sinónimos: Fantástico, fabuloso, ilusorio, imaginario.
Antónimos: Cierto, auténtico, efectivo, fidedigno.

QUINCALLA
Sinónimos: Bujería, baratija, chuchería.
Antónimos: Bazar, abacería, depósito.

QUINTA
Sinónimos: Villa, torre, chalé.
Antónimos: Predio, heredad, propiedad, fortuna.

QUISICOSA
Sinónimos: Problema, dificultad, tropiezo, sutileza.
Antónimos: Terminación, resolución, explicación.

QUISQUILLOSO
Sinónimos: Susceptible, delicado, puntilloso, meticuloso.
Antónimos: Apático, insensible, frío, impertérrito.

QUITAR
Sinónimos: Separar, apartar, librar, robar.
Antónimos: Entregar, regresar, restituir, reivindicar.

R

RACIOCINIO
Sinónimos: Discurso, razonamiento, dialéctica, reflexión, meditación, juicio, criterio, discernimiento.
Antónimos: Intuición, clarividencia, adivinación, percepción, inspiración, revelación, visión, presentimiento, corazonada, genialidad.

RACIONAL
Sinónimos: Lógico, razonable, comprensible, convincente, sólido.
Antónimos: Absurdo, irracional, ilógico, inexplicable, incomprensible, absurdo, contradictorio, incongruente, infundado, desatinado, disparatado, descabellado.

RADICALISMO
Sinónimos: Extremismo, puritanismo, sectarismo, intransigencia, integrismo, fanatismo, dogmatismo, dictadura, dictatorial.
Antónimos: Eclectismo, armonía, conciliación, ponderación, templanza, democracia, contemporización.

RAÍZ
Sinónimos: Raigón, cepa, rizoma.
Antónimos: Tallo.
Sinónimos: Origen, principio, causa, motivo, razón, base.

RALO
Sinónimos: Separado, espaciado, claro, distanciado.
Antónimos: Tupido, espeso, abigarrado, arracimado, junto, poblado, compacto.

RÁPIDO
Sinónimos: Veloz, raudo, ligero, agudo, impetuoso, arrebatado, apresurado, diligente, vertiginoso, expeditivo, urgente, apremiante, acuciante, perentorio, meteórico.
Antónimos: Lento, pausado, tardo, cansino, despacioso, calmoso, calmo, paulatino.

RAPTAR
Sinónimos: Secuestrar, retener, detener.
Antónimos: Liberar.

RAQUÍTICO
Sinónimos: Canijo, enteco, delgado, enclenque, endeble, anémico.
Antónimos: Vigoroso, fuerte, robusto.

RARO
Sinónimos: Extraño, excéntrico, extravagante, peculiar, original, insólito, inusitado, excepcional.
Antónimos: Habitual, corriente, común, abundante.

RASGAR
Sinónimos: Romper, desgarrar, descoser, deshilachar.
Antónimos: Unir, componer, coser.

RATIFICAR
Sinónimos: Confirmar, corroborar, reafirmar, revalidar, convalidar, remachar, autorizar, rubricar, sancionar, refrendar.
Antónimos: Rectificar, corregir, enmendar, retractar, desdecir, reformar, revocar.

RAYAR
Sinónimos: Marcar, raer, señalar, lictar‖limitar, confinar, lindar.
Antónimos: Deslindar.

RAZÓN
Sinónimos: Mente, entendimiento, inteligencia, discurso, reflexión, juicio, criterio, discernimiento.
Antónimos: Instinto, impulso, inclinación, propensión, proclive.

REACCIONAR
Sinónimos: Reanimarse, reanudar, renovarse, recobrarse, progresar, mejorar.
Antónimos: Decaer, retroceder.
Sinónimos: Oponerse, resistir, rechazar, rebelarse.

REAL
Sinónimos: Corpóreo, verdadero, tangible, fehaciente, sólido, efectivo, auténtico, material, sensible, positivo, propio, natural.
Antónimos: Imaginario, fantástico, quimérico, irreal, utópico, fantasmagórico, folletinesco, figurado.

REALIDAD
Sinónimos: Efectividad, verdad, sustantividad, entidad.
Antónimos: Apariencia, ilusión, sombra, espejismo, alucinación, oropel, ficción, tramoya, simulacro, fingimiento, artificio, postizo, efectismo.

REALIZAR
Sinónimos: Hacer, ejecutar, desarrollar, efectuar, producir, elaborar, crear, proceder.
Antónimos: Abandonar, abstenerse.

REBAJAR(SE)
Sinónimos: Abaratar, desvalorizar, depreciar, descontar, liquidar.
Antónimos: Encarecer.
Sinónimos: Reducir, disminuir, atenuar, aminorar, bajar, escatimar.
Antónimos: Aumentar, crecer.

REBATIR
Sinónimos: Refutar, discutir, replicar, rechazar, argüir, objetar, oponerse.
Antónimos: Aceptar, asentir, consentir, corroborar, confirmar.

REBELIÓN
Sinónimos: Rebeldía, sublevación, sedición, levantamiento, insumisión, insurrección, insubordinación.
Antónimos: Sumisión, servilismo, vasallaje, disciplina, sometimiento, acatamiento, obediencia.

RECÁMARA
Sinónimos: Trastienda.
Antónimos: Vestíbulo, recibidor.

RECAPACITAR
Sinónimos: Meditar, pensar, ponderar, considerar, reflexionar, analizar.

RECELO
Sinónimos: Desconfianza, suspicacia, sospecha, temor, desasosiego, duda.
Antónimos: Confianza.

RECETAR
Sinónimos: Prescribir, formular, ordenar.

RECHAZAR
Sinónimos: Rehusar, impugnar, oponerse, resistirse, negar, repudiar, rebatir, contestar, contradecir.
Antónimos: Aceptar, atraer, consentir.

RECIBIR
Sinónimos: Cobrar, percibir, obtener, aceptar, coger, tomar, admitir.
Antónimos: Ceder, rechazar, rehusar.

RECIENTE
Sinónimos: Nuevo, lozano, fresco, actual, moderno, contemporáneo.
Antónimos: Pasado, viejo, pretérito, anticuado.

RECÍPROCO
Sinónimos: Mutuo, correlativo, bilateral, alterno, equitativo.

RECLAMAR
Sinónimos: Demandar, exigir, pedir, reivindicar, protestar, quejarse, querellarse.
Antónimos: Conformarse, desistir, aceptar.

RECOGER
Sinónimos: Reunir, agrupar, juntar, acumular, recaudar, almacenar, coger, ahorrar, amasar.
Antónimos: Desparramar, esparcir, dispersar.

RECOMENDAR
Sinónimos: Aconsejar, advertir, avisar, indicar, sugerir, invitar‖interceder, influir, proteger, apoyar, apadrinar, enchufar, favorecer, mediar.
Antónimos: Desamparar, desentenderse.

RECONOCER
Sinónimos: Examinar, investigar, observar, explorar, tantear, considerar, vigilar, ver.
Sinónimos: Admitir, acotar, aceptar, asentir.
Antónimos: Negar, rechazar, repudiar.

RECORDAR
Sinónimos: Evocar, rememorar, acordarse, mencionar, aludir.
Antónimos: Olvidar.

RECORRER
Sinónimos: Andar, pasar, transitar, ir, caminar, correr, peregrinar.
Antónimos: Pararse, detenerse.

RECREO
Sinónimos: Distracción, esparcimiento, vacación, asueto, descanso, solaz.
Antónimos: Trabajo, labor, tedio, aburrimiento.

RECTIFICAR
Sinónimos: Corregir, enmendar, retractarse, desdecirse, revocar, retocar, renegar, apostatar.
Antónimos: Ratificar, confirmar, corroborar, reafirmar, revalidad, convalidar, autorizar, rubricar, sancionar, refrendar, repetir, reiterar, reincidir.

RECUPERACIÓN
Sinónimos: Recobro, reversión, reivindicación, reembolso, rescate, liberación.
Antónimos: Devolución, restitución, reintegración, reintegro, retorno.

RECURRIR
Sinónimos: Pedir, reclamar, requerir, invocar, suplicar||litigar, pleitear, demandar.

REDACTAR
Sinónimos: Escribir, componer, expresar, narrar, transcribir, describir||oficina, despacho, escritorio.

REDENCIÓN
Sinónimos: Salvación, rescate, liberación, reconquista.
Antónimos: Condena.

REDUCIR
Sinónimos: Aminorar, achicar, disminuir, acortar, mermar, restringir.
Antónimos: Aumentar, incrementar, prosperar.
Sinónimos: Resumir, abreviar, condensar, sintetizar.
Antónimos: Ampliar, agrandar, glosar.
Sinónimos: Someter, dominar, domar, vencer, sujetar.
Antónimos: Rebelarse, insubordinarse, levantarse.

REFERIR
Sinónimos: Relatar, contar, narrar, exponer, explicar.
Antónimos: Omitir, callar, silenciar.
Sinónimos: Aludir, citar, mencionar, sugerir, apuntar, señalar, indicar.

REFLEXIÓN
Sinónimos: Consideración, meditación, premeditación, examen, deliberación, introspección.
Antónimos: Irreflexión, indeliberación, inconsciencia, atolondramiento, precipitación, ligereza.

REFORMA
Sinónimos: Cambio, innovación, enmienda, mejora, progreso, revisión, reparación.
Antónimos: Conservación.

REFUTAR
Sinónimos: Rebatir, contestar, impugnar, rechazar, objetar, contradecir, negar, oponerse.
Antónimos: Aprobar, aceptar, asentir, ratificar, confirmar.

REGAR
Sinónimos: Irrigar, mojar, rociar, salpicar.
Antónimos: Secar, resecar, agostar.

REGENTAR
Sinónimos: Gobernar, regir, mandar, tutelar, administrar.
Antónimos: Obedecer, acatar, servir.

REGIÓN
Sinónimos: Comarca, territorio, zona, área, demarcación.

REGISTRAR
Sinónimos: Inspeccionar, rastrear, rebuscar, cachear, reconocer||anotar, apuntar, inscribir, patentar, matricular, inventariar.

REGOCIJO
Sinónimos: Alborozo, alegría, dicha, júbilo, felicidad, placer, contento.
Antónimos: Tristeza, fastidio, hastío, melancolía, pesar.

REGRESAR
Sinónimos: Tornar, volver, retornar, reintegrarse.
Antónimos: Marchar, ir, salir.

REGULAR
Sinónimos: Simétrico, geométrico, acompasado, rítmico, medido, reglado, uniforme, periódico.
Antónimos: Irregular, amorfo, asimétrico.

REHACER
Sinónimos: Recomponer, restaurar, reformar, restablecer, reparar, reedificar, reconstruir.
Antónimos: Deshacer, destruir.

REHUSAR
Sinónimos: Rechazar, desdeñar, declinar, repudiar, esquivar, desechar.
Antónimos: Aceptar, admitir, estimar, asentir.

REÍR

Sinónimos: Sonreír, carcajear.
Antónimos: Llorar, lloriquear, gemir, gimotear, hipar, sollozar, plañir, suspirar, lagrimear.

REIVINDICAR

Sinónimos: Exigir, pedir, reclamar, protestar, requerir.
Antónimos: Renunciar, desistir, ceder, abandonar.

RELAJAR(SE)

Sinónimos: Aflojar, calmar, serenar, sosegar, aquietar, tranquilizar.
Antónimos: Tensar, fortalecer.
Sinónimos: Descarriarse, envilecerse, viciarse, desenfrenarse.
Antónimos: Corregirse, enmendarse.

RELIGIÓN

Sinónimos: Religiosidad, fe, piedad, creencia, culto, liturgia, misticismo, teología, teísmo.
Antónimos: Laicismo, impiedad, ateísmo, agnosticismo, escepticismo.

REMEDIAR

Sinónimos: Reparar, compensar, subsanar, corregir, enmendar.
Antónimos: Estropear, deteriorar.
Sinónimos: Auxiliar, socorrer, amparar, ayudar, proteger, atender.
Antónimos: Abandonar, desentender.

REMITIR(SE)

Sinónimos: Mandar, enviar, facturar, cursar, expedir.
Antónimos: Recibir, recoger.
Sinónimos: Ceder, aminorar, aplacar, aplacar, condonar, personar, eximir, absolver, exculpar.
Antónimos: Aumentar, arreciar, crecer.
Sinónimos: Referirse, atenerse, ceñirse, aludir.

REMORO

Sinónimos: Lejano, alejado, exótico, distante, retirado, antiguo.
Antónimos: Cercano, próximo.

REMUNERACIÓN

Sinónimos: Jornal, paga, sueldo, salario, honorarios, haberes, prima.

RENCOR

Sinónimos: Odio, inquina, resentimiento, animadversión, encono, fobia, aborrecimiento.
Antónimos: Amor, afecto, simpatía.

RENDIR

Sinónimos: Ceder, transigir, someter, entregar, claudicar, sucumbir, capitular.
Antónimos: Resistir, aguantar, soportar, arrastrar, oponer, defenderse.

RENUNCIAR

Sinónimos: Abdicar, dimitir, abandonar, desertar, retirarse, cesar, desistir, rehusar.
Antónimos: Aceptar, asentir, admitir, seguir.

REÑIR
Sinónimos: Reprender, regañar, amonestar, reconvenir, increpar.
Antónimos: Alabar, aprobar.
Sinónimos: Discutir, disputar, enfrentarse, pelear, enzarzarse.

REO
Sinónimos: Culpado, delincuente, malhechor, criminal, acusado.
Antónimos: Juez, árbitro, magistrado, justicia, sentenciador, tribunal, jurado.

REPARAR
Sinónimos: Recomponer, restaurar, arreglar, remendar.
Antónimos: Estropear, deteriorar.
Sinónimos: Resarcir, compensar, desagraviar, rectificar, enmendar, subsanar.
Antónimos: Ofender, agraviar, injuriar, deshonrar.
Sinónimos: Mirar, percibir, fijarse, notar, advertir.

REPOSAR
Sinónimos: Descansar, relajarse, echarse, reclinarse, sestear.
Antónimos: Moverse, cansarse, trabajar, agitarse.

REPRESALIA
Sinónimos: Venganza, revancha, desquite, resarcimiento.
Antónimos: Perdón, indulgencia.

REPRIMIR
Sinónimos: Refrenar, coartar, coercitar, sujetar, coercer, contener, moderar, templar, atajar, sofocar, ahogar, apagar, someter, reducir, domeñar, dominar, reportar.
Antónimos: Estimular, incitar, excitar, despertar, aguijonear, espolear, azuzar, concitar, instigar, impeler, avivar, atraer, engolosinar, animar, convidar, inducir, alentar, acuciar, impulsar, propulsar, fomentar, promover, suscitar, soliviantar, provocar, retar, desafiar, tentar, invitar, punzar, atizar.

REPROCHAR
Sinónimos: Censurar, criticar, reprender, reprobar, recriminar, regañar.
Antónimos: Alabar, disculpar, comprender.

REPUGNANTE
Sinónimos: Repulsivo, asqueroso, infecto, inmundo, pútrido, mugriento, sórdido.
Antónimos: Agradable, placentero, grato, deleitable.

RESALTAR
Sinónimos: Destacar, sobresalir, descollar, despuntar, realzar, distinguirse.
Antónimos: Igualar, confundir, homogeneizar.

RESCATAR
Sinónimos: Recuperar, libertar, liberar, recobrar, salvar, redimir.

RESIDIR
Sinónimos: Vivir, morar, radicar, asentarse, establecerse, afincarse.

RESIDUOS
Sinónimos: Restos, reliquias, sobras, sedimentos, desperdicios, zurrapas, vestigios, desecho, retales, migas, despojos, basura, broza, purrieta, serrín, escoria, cenizas, posos, hez, detritus, excrementos, inmundicias.
Antónimos: Primicia, principio, génesis, lo primero.

RESIGNAR(SE)
Sinónimos: Dimitir, abandonar, abdicar, renunciar, cesar‖conformarse, someterse, condescender, consentir, aguantarse, tolerar.
Antónimos: Rebelarse, enfrentarse, insubordinarse.

RESOLUCIÓN
Sinónimos: Solución, determinación, decisión, desenlace, fallo, sentencia, conclusión, pronunciamiento, dictamen, diagnóstico, laudo, auto, providencia, decreto.
Antónimos: Sobreseimiento, abstención, inhibición.

RESPIRAR
Sinónimos: Alentar, jadear, anhelar, resollar, aspirar, suspirar, inspirar.

RESPONSABLE
Sinónimos: Culpable, causante, reo, autor.
Antónimos: Inocente, víctima.
Sinónimos: Jefe, apoderado, encargado, director, administrador.

RESTITUIR
Sinónimos: Devolver, reintegrar, reembolsar, resarcir, indemnizar, compensar.
Antónimos: Hurtar, quitar, sustraer, arrebatar, coger, robar, usurpar, desposeer, estafar, desfalcar, malversar, sisar, saquear, desvalijar, timar, privar, defraudar.

RESUMIR
Sinónimos: Abreviar, sintetizar, compendiar, reducir, extractar, simplificar.
Antónimos: Ampliar, completar, acrecentar, glosar.

RETAR
Sinónimos: Desafiar, encararse, enfrentarse, provocar, incitar.

RETARDAR
Sinónimos: Diferir, demorar, detener, retrasar, dilatar, atrasar, aplazar, rezagar.
Antónimos: Acelerar, activar, apresurar, precipitar, abreviar, aligerar, avivar, impulsar.

RETRACTARSE
Sinónimos: Rectificar, retirarse, desdecirse, reconocer, arrepentirse, anular.
Antónimos: Ratificarse, reafirmarse.

RETRIBUIR
Sinónimos: Pagar, remunerar, recompensar, premiar, gratificar, compensar.
Antónimos: Cobrar, percibir.

REUNIR
Sinónimos: Congregar, juntar, concentrar, agolpar, arracimar, aglomerar.
Antónimos: Dispersar, separar, diseminar, desparramar, esparcir, expandir, extender, desplegar.

REVELAR
Sinónimos: Descubrir, confesar, declarar, desvelar, aclarar, delatar, informar, evidenciar.
Antónimos: Encubrir, ocultar, callar.

REVERSO
Sinónimos: Revés, envés, dorso, vuelta, cruz, respaldo, espalda, posterior.
Antónimos: Anverso, frente, faz, cara, derecho, haz, anterior.

REVOCAR
Sinónimos: Anular, rescindir, derogar, cancelar, abolir, cesar, invalidar.
Antónimos: Confirmar, aprobar, ratificar.

REVOLUCIÓN
Sinónimos: Insurrección, motín, rebelión, sublevación, revuelta, alteración, asonada, levantamiento, sedición.
Antónimos: Sometimiento, acatamiento, obediencia.
Sinónimos: Mutación, cambio, innovación, renovación.
Antónimos: Estabilidad, permanencia.

RIDÍCULO
Sinónimos: Absurdo, anómalo, grotesco, esperpento, adefesio, estrafalario.
Antónimos: Serio, grave, noble.

RIGOR
Sinónimos: Severidad, dureza, austeridad, rigurosidad, disciplina, intransigencia.
Antónimos: Benevolencia, tolerancia, comprensión.

RINCÓN
Sinónimos: Rinconada, ángulo, diedro, entrante, recodo, revuelta.
Antónimos: Esquina, arista, esquinazo, escuadra, cantón, borde, filo.

RÍO
Sinónimos: Arroyo, ría, afluente, regato, torrente, catarata.
Antónimos: Canal, cauce, acequia, acueducto, conducto, tubería, alcantarilla, colector.

RIQUEZA
Sinónimos: Fortuna, opulencia, bienestar, hacienda, patrimonio, enriquecimiento.
Antónimos: Pobreza, miseria, escasez, indigencia.

ROBAR
Sinónimos: Estafar, timar, hurtar, atracar, sisar, despojar, desvalijar, usurpar, sustraer, expoliar.
Antónimos: restituir, devolver, reembolsar.

ROBUSTO
Sinónimos: Fuerte, vigoroso, recio, corpulento, fornido, macizo, sano.
Antónimos: Enfermizo, débil.

RODEAR
Sinónimos: Cercar, envolver, abrazar, acordonar, acorralar, copar, circundar, ceñir.

ROMPER
Sinónimos: Partir, quebrar, fracturar, rasgar, averiar, tronchar, hender, triturar.
Antónimos: Reparar, unir, arreglar, componer.

RONDAR
Sinónimos: Patrullar, guardar, vigilar, escoltar, cuidar, velar‖cortejar, galantear, requebrar, pasear.

ROÑOSO
Sinónimos: Tacaño, miserable, avaro, cicatero, agarrado, avariento.

ROTO
Sinónimos: Partido, rajado, fracturado, destrozado, averiado, descompuesto, desbaratado.
Antónimos: Intacto, perfecto, arreglado, entero.

ROTUNDO
Sinónimos: Tajante, terminante, concluyente, categórico, claro, evidente, definitivo, preciso.

ROZAR
Sinónimos: Tocar, frotar, acariciar, raer, friccionar, restregar, rascar, arañar, excoriar.

RUBIO
Sinónimos: Rubicundo, albino, oro, dorado, trigueño, blanco, bermejo, rosicler.
Antónimos: Moreno, atezado, tostado, bruno, mulato, achocolateado, bronceado, negro.

RUBORIZARSE
Sinónimos: Sonrojarse, enrojecer, abochornarse, avergonzarse, sofocarse.

RUDIMENTARIO
Sinónimos: Tosco, basto, elemental, básico, primario, primitivo.
Antónimos: Desarrollado, evolucionado, acabado, perfecto.

RUFIÁN
Sinónimos: Chulo, flamenco, marchoso, proxeneta, sinvergüenza, canalla, perdido, alcahuete, ruin, villano.

Antónimos: Caballero, hidalgo, noble, señor, gentilhombre, prócer, educado.

RUGOSO

Sinónimos: Arrugado, chafado, abollado, rayado, áspero, fragoso, escarpado, abrupto.

Antónimos: Liso, suave, terso, llano, raso, plano, pulido, planchado, estirado.

RUIDO

Sinónimos: Estrépito, estridencia, estridor, estruendo, fragor, batahola, bulla, algarabía, zarabanda.

Antónimos: Silencio, quietud, calma, parsimonia, mutismo, hermetismo, reserva, sigilo.

RUINA

Sinónimos: Decadencia, perdición, destrucción.

Antónimos: Apogeo, auge, plenitud, esplendor.

S

SABIO
Sinónimos: Erudito, culto, instruido, docto, intelectual, ilustrado, portento, eminencia, «hacha», iniciado, humanista.
Antónimos: Ignorante, necio, inculto, analfabeto, profano, lego, iletrado, inepto, ceporro, zoquete.

SABOTEAR
Sinónimos: Dañar, averiar, entorpecer, estropear, romper, deteriorar.
Antónimos: Favorecer, arreglar.

SACAR
Sinónimos: Extraer, retirar, quitar, apartar, arrancar, vaciar, abrir, separar, alejar.
Antónimos: Meter, introducir, incluir, encerrar, embutir.
Sinónimos: Mostrar, enseñar, lucir, manifestar, exhibir.
Antónimos: Ocultar, silenciar.

SACERDOTE
Sinónimos: Cura, presbítero, capellán, abad, prior, pastor, reverendo, ungido, coadjutor, vicario.
Antónimos: Seglar, lego, secular, laico, fiel, profano.

SACRIFICAR(SE)
Sinónimos: Inmolar, ofrecer, matar, ofrendar, crucificar, degollar‖resignarse, aguantarse, abstenerse, privarse, conformarse.
Antónimos: Rebelarse, insubordinarse, revolver.

SACRO
Sinónimos: Sagrado, venerable.

SÁDICO
Sinónimos: Cruel, bestial, feroz, salvaje, despiadado.
Antónimos: Piadoso, angelical, misericordioso.

SAGAZ
Sinónimos: Sutil, perspicaz, astuto, avispado, ladino, clarividente, agudo.
Antónimos: Ingenuo, torpe, lento, obtuso.

SALARIO
Sinónimos: Sueldo, paga, emolumentos, haberes, soldada, jornal.

SALIR
Sinónimos: Evacuar, expeler, expulsar, eyacular, dejar, abandonar, escapar, huir, evadirse, fugarse, largarse, partir, nacer, brotar, manar, zarpar.
Antónimos: Entrar, pasar, penetrar, adentrar, franquear, invadir, irrumpir, infiltrar.

SALTAR(SE)
Sinónimos: Brincar, botar, retozar, respingar, levantarse‖arrojarse, tirarse, abalanzarse‖reventar, romper, explotar, estallar, destruirse‖omitir, olvidar, dejar, pasar, eludir.
Antónimos: Recordar, mencionar, citar.

SALUD
Sinónimos: Lozanía, fortaleza, robustez, vitalidad, energía.
Antónimos: Enfermedad, debilidad.

SALVAR(SE)
Sinónimos: Socorrer, auxiliar, ayudar, amparar, redimir, guarecer.
Antónimos: Condenar, desamparar, abandonar.
Sinónimos: Cruzar, vadear, trasponer, rebasar, atravesar.

SANCIÓN
Sinónimos: Castigo, pena, penalidad.
Antónimos: Premio, recompensa, galardón.
Sinónimos: Autorización, venia, permiso, anuencia, aprobación.
Antónimos: Prohibición, denegación.

SANO
Sinónimos: Bueno, normal, curado, restablecido, repuesto, incólume.
Antónimos: Enfermo, malo, indispuesto, delicado, convaleciente, enteco, achacoso.

SANTIDAD
Sinónimos: Virtud, santificación, misticismo, ejemplaridad, espiritualidad.
Antónimos: Pecado, condenación.

SAQUEAR
Sinónimos: Asaltar, depredar, atracar, rapiñar, pillar, despojar.
Antónimos: Respetar, restituir, devolver.

SATISFACER
Sinónimos: Deleitar, agradar, convencer, gustar, alegrar, encantar.
Antónimos: Disgustar, desagradar, molestar, fastidiar.

SECO
Sinónimos: Enjuto, desecado, sediento, hidrópico, agostado, amojamado.
Antónimos: Mojado, húmedo, regado, remojado, calado, empapado, jugoso, inundado.

SECRETO
Sinónimos: Misterio, sigilo, incógnita, confidencia, clave, enigma.
Antónimos: Claridad, evidencia.

SECTARIO
Sinónimos: Fanático, dogmático, intransigente, intolerante, secuaz, exaltado.
Antónimos: Transigente, tolerante, comprensivo.

SECUNDARIO
Sinónimos: Accesorio, aleatorio, satélite, complementario, adjetivo, episódico.
Antónimos: Primordial, trascendente, primero, capital, importante, principal.

SED
Sinónimos: Sequedad.

SEDANTE
Sinónimos: Calmante, sedativo, tranquilizante, lenitivo, barbitúrico, analgésico.
Antónimos: Estimulante, excitante.

SEDICIÓN
Sinónimos: Motín, rebelión, levantamiento, asonada, conspiración, revolución.
Antónimos: Orden, disciplina, sometimiento, acatamiento.

SEDUCIR
Sinónimos: Atraer, cautivar, enamorar, fascinar, encantar, prendar, ilusionar, hechizar, halagar.
Antónimos: Repeler, repugnar, rechazar.

SEGREGAR
Sinónimos: Exhalar, emanar, desprender, destilar, irrigar, emitir, despedir, rezumar, transpirar.
Antónimos: Absorber, chupar, apropiarse, libar, succionar, aspirar, embeber, empapar.

SEGUIR
Sinónimos: Suceder, posponer, proseguir, continuar.
Antónimos: Preceder, anteceder, anteponer, adelantarse, anticiparse, avanzar.

SEGURIDAD
Sinónimos: Garantía, confianza, solvencia, aval, salvaguardia, salvoconducto, pasaporte, pase, inmunidad.
Antónimos: Peligro, riesgo, exposición, inseguridad, jaque, desconfianza, prevención, amenaza, amago, alarma.

SELECCIONAR
Sinónimos: Escoger, elegir, destacar, distinguir, preferir.
Antónimos: Mezclar.

SEMBRAR
Sinónimos: Plantar‖desparramar, diseminar, distribuir, esparcir, difundir, publicar, extender.

SENCILLO
Sinónimos: Común, ordinario, austero, corriente.
Antónimos: Solemne, suntuoso, pomposo, aparatoso, espectacular, grandioso, majestuoso, supremo, máximo, sublime, augusto, ceremonioso, ritual, protocolario.

SENSATO
Sinónimos: Prudente, juicioso, cuerdo, discreto, circunspecto, sesudo, reflexivo.
Antónimos: Insensato, necio, imprudente, indiscreto, mentecato, desjuiciado, majadero, precipitado, alocado, tronera, mastuerzo, botarate, tarambana.

171

SENSIBLE
Sinónimos: Afectivo, tierno, delicado, emotivo, impresionable‖lamentable, doloroso, lastimado, enojoso.

SENSUALISMO
Sinónimos: Hedonismo, epicureísmo, sibaritismo, concupiscencia, molicie, voluptuosidad.
Antónimos: Ascetismo, austeridad, continencia, mortificación, penitencia, misticismo.

SENTADO
Sinónimos: Prudente, juicioso, cuerdo, discreto, circunspecto, sesudo, solemne.
Antónimos: Bromista, «coñón», chancero, chirigotero, burlón, guasón, zumbón, humorista, burlesco.

SENTIR
Sinónimos: Deplorar, lamentar, afligirse, angustiarse, impresionarse, conmoverse‖adivinar, presagiar, pronosticar, presentir, creer, sospechar, estimar, juzgar.

SEÑALAR
Sinónimos: Mostrar, indicar, informar, guiar, apuntar, designar, nombrar, revelar, advertir, mencionar.

SEÑOR
Sinónimos: Noble, caballero, hidalgo, aristócrata, soberano, príncipe.
Antónimos: Vasallo, súbdito.
Sinónimos: Amo, dueño, propietario, patrono, autoridad, patrón, superior, hacendado.

SEPARAR(SE)
Sinónimos: Alejar, disgregar, aislar, dividir, desglosar, desprender, distanciar‖expulsar, despedir, destituir, apartar, excluir, eliminar, licenciar, relevar.
Sinónimos: Divorciarse, romper, disolver, desunir, repudiar, desligarse.
Antónimos: Vincularse, unirse, juntarse.

SERENO
Sinónimos: Tranquilo, caluroso, sosegado, valeroso, flemático, frío, estoico, firme, plácido.
Antónimos: Angustiado, desazonado, intranquilo.

SERIO
Sinónimos: Grave, ceñudo, cariacontecido, circunspecto, mesurado, estirado, tieso, solemne.
Antónimos: Bromista, «coñón», chacero, chirigotero, burlón, guasón, zumbón, humorista, burlesco.

SESGADO
Sinónimos: Oblicuo, atravesado, diagonal, inclinado, ladeado, torcido.
Antónimos: Recto, objetivo, imparcial.

SESIÓN
Sinónimos: Función, consejo, junta, concilio, asamblea, conferencia.

SEVERIDAD
Sinónimos: Rigor, rigurosidad, dureza, rigidez, intransigencia, austeridad, acritud, puritanismo.
Antónimos: Lenidad, benignidad, tolerancia, benevolencia, suavidad, afabilidad.

SIEMPRE
Sinónimos: Eternamente, perpetuamente, constantemente, incesantemente, continuamente.
Antónimos: Nunca, jamás.

SIGNIFICAR(SE)
Sinónimos: Representar, denotar, figurar, ser, simbolizar, personificar, suponer, valer., expresar, decir, manifestar‖destacar, sobresalir, descollar, distinguirse.

SILENCIO
Sinónimos: Mutismo, sigilo, hermetismo, reserva, quedo.
Antónimos: Ruido, estrépito, barahúnda, jolgorio, algazara, griterío, escándalo, fragor, bullicio, detonación, chasquido, estampido, sonoridad, estruendo.

SIMPÁTICO
Sinónimos: Agradable, atrayente, amable, afable, encantador, tratable, seductor, fascinante.
Antónimos: Antipático, adusto, ceñudo, huraño, desabrido, displicente, arbitrario.

SIMPLE
Sinónimos: Sencillo.
Antónimos: Complicado, enredado, abstruso, complejo.
Sinónimos: Inocente, ingenuo, incauto, crédulo.

SIMULAR
Sinónimos: Fingir, aparentar, encubrir, representar, desfigurar, disfrazar, imitar, copiar.

SIMULTÁNEO
Sinónimos: Sincrónico, sincronizado, unísono, acorde, conjunto, concordante.
Antónimos: Sucesivo, seguido, espaciado, distanciado, escalonado.

SINCERIDAD
Sinónimos: Franqueza, espontaneidad, sencillez, llaneza, naturalidad, campechanería.
Antónimos: Fingimiento, simulación, ficción, disimulo, falsedad, fariseísmo, artificio, sorna, hipocresía.

SINCERO
Sinónimos: Franco, verdadero, limpio, veraz, leal, abierto, claro, ingenuo.
Antónimos: Hipócrita, falso, falaz, engañoso.

173

SÍNTESIS
Sinónimos: Composición, sinopsis, esbozo, resumen, extracto, prontuario, epítome, bosquejo, guión, pincelada, esqueleto, manual, minuta, compendio, sumario, reducción, condensación.
Antónimos: Análisis, descomposición, disección, examen, estudio, investigación, reconocimiento.

SITIAR
Sinónimos: Asediar, cercar, envolver, rodear, bloquear, asaltar, acorralar, arrinconar.
Antónimos: Claudicar, rendirse.

SITUAR(SE)
Sinónimos: Instalar, colocar, emplazar, ubicar, poner, acomodar, asentar, meter||prosperar, triunfar, enriquecerse, acomodar, llegar.

SOBERBIO
Sinónimos: Altivo, presuntuoso, orgulloso, altanero, arrogante, vanidoso, engreído.
Antónimos: Modesto, humilde.
Sinónimos: Excelente, espléndido, estupendo, maravilloso, admirable.
Antónimos: Malo, vulgar.

SOBORNO
Sinónimos: Cohecho, corrupción, corruptela, captación, venalidad.
Antónimos: Amenaza, intimidación, coacción, apercibimiento, chantaje, ultimátum.

SOBRAR
Sinónimos: Exceder, abundar, rebosar, colmar, desbordar, exagerar.
Antónimos: Faltar.

SOCIEDAD
Sinónimos: Comunidad, colectividad, familia, agrupación, clan, entidad, estamento, asociación, club, colegio, corporación, instituto, consejo, junta, gremio, academia, república, mundo, cofradía, hermandad, pósito, cooperativa, mutualidad.
Antónimos: Individuo, persona, sujeto, ente, miembro, particular, ciudadano.

SOCORRER
Sinónimos: Auxiliar, asistir, atender, amparar, relevar, ayudar, defender, cooperar, aliviar.
Antónimos: Desamparar, abandonar, desatenderse.

SOLEDAD
Sinónimos: Aislamiento, abandono, retiro, separación, desamparo, encierro, destierro.

SOLEMNE
Sinónimos: Protocolario, ceremonioso, majestuoso, suntuoso.
Antónimos: Informal.

SOLIDARIDAD
Sinónimos: Participación, apoyo, fraternidad, hermandad, filantropía, ayuda, favor.
Antónimos: Insolidaridad, egoísmo.

SOLTAR
Sinónimos: Liberar, excarcelar, libertar.
Antónimos: Encarcelar, confinar.
Sinónimos: Desatar, desenredar, desligar, desabrochar, separar, extraer, despegar.

SOLTERÍA
Antónimos: Matrimonio, casamiento, boda, amancebamiento, nupcias, himeneo, connubio, yugo, esponsales.

SOLUCIONAR
Sinónimos: Resolver, arreglar, reparar, remediar, satisfacer, enderezar, corregir, zanjar.

SOMETER
Sinónimos: Imponer, dominar, sujetar, sojuzgar, reducir, subyugar, reprimir, domar, oprimir.

SOPORTAR
Sinónimos: Sostener, llevar, sujetar, sustentar, mantener‖aguantar, resistir, tolerar, sufrir, disimular, transigir, conformarse.

SORPRENDER
Sinónimos: Asombrar, pasmar, chocar, fascinar, maravillar, impresionar, conmover, sobrecoger‖descubrir, pillar, pescar, coger, desenmascarar.

SOSTENER
Sinónimos: Soportar, sustentar, sujetar, agarrar, apoyarse, aguantar, consolidar‖alimentar, mantener, pagar, costear, respaldar, defender, patrocinar, subvencionar.

SUAVE
Sinónimos: Sedoso, fino, aterciopelado, satinado, pulimentado, abrillantado, terso, liso, agradable, delicado, leve.
Antónimos: Áspero, ordinario, rugoso, abrupto, basto, fragoso, escarpado, rudo, rasposo.

SUBIR
Sinónimos: Ascender, elevarse, alzarse, erguirse, encumbrarse, remontar, trepar, escalar, alzar, exaltar, ensalzar, enarbolar, izar, volar, remontarse.
Antónimos: Bajar, descender, apear, disminuir, decrecer.

SUBLIME
Sinónimos: Excelente, elevado, eminente, excelso, insuperable, soberbio, admirable, glorioso.
Antónimos: Vulgar, trivial, material, común.

SUBLEVARSE
Sinónimos: Alzar, levantar, rebelar, amotinar, insubordinarse, soliviantar, desobedecer, enfrentar.
Antónimos: Someterse.

SUBORDINADO

Sinónimos: Dependiente, súbdito, secretario, subalterno, inferior, sufragáneo, satélite, auxiliar, servidor, criado, siervo, vasallo, fámulo.

Antónimos: Jefe, amo, dueño, señor, director, rector, superior, maestro, mandamás, gerente, comandante, comodoro, condotiero, caudillo, guía, conductor, capataz, caporal, patrón, mayoral, autoridad, responsable.

SUBVENCIONAR

Sinónimos: Contribuir, ayudar, patrocinar, socorrer, apoyar, financiar, becar.

SUCESIVO

Sinónimos: Seguido, espaciado, distanciado, escalonado.

Antónimos: Simultáneo, sincrónico, sincronizado, unísono, acorde, concordante, coincidente, conjunto.

SUCIO

Sinónimos: Manchado, mugriento, desaseado, empañado, tiznado, inmundo, sórdido, enlodado, pringado.

Antónimos: Limpio, pulcro, impoluto, inmaculado, nítido, aseado, curioso, adecentado, decente, lavado.

SUERTE

Sinónimos: Ventura, fortuna, racha, chiripa, chamba.

Antónimos: Desgracia, infortunio, desdicha, adversidad, contrariedad, fatalidad, desventura, contratiempo, catástrofe, tribulación, percance, accidente, negación.

SUFICIENTE

Sinónimos: Bastante, necesario, preciso.

Antónimos: Insuficiente, escaso, poco, corto.

SUFRIR

Sinónimos: Tolerar, padecer, soportar, aguantar, sobrellevar, transigir.

SUMERGIR

Sinónimos: Hundir, sumir, naufragar, anegar, profundizar, calar, abismar, ahogar.

Antónimos: Flotar, sobrenadar, sobresalir, nadar, fluctuar.

SUMISIÓN

Sinónimos: Servilismo, sometimiento, subordinación, acatamiento, humillación, vasallaje, obediencia, disciplina.

Antónimos: Rebeldía, sublevación, sedición, levantamiento, insurrección, alzamiento, insumisión, pronunciamiento, cuartelada, asonada, subvención, indisciplina, insubordinación, turbulencia, motín, revolución.

SUPERFICIAL

Sinónimos: Somero, intrascendente, rasante, epidérmico, cortical.

Antónimos: Profundo, hondo, hundido, insondable, penetrante, subterráneo, enraizado, arraigado.

SUPERIORIDAD

Sinónimos: Primacía, prioridad, prelación, preeminencia, hegemonía, preponderancia, predominio.

Antónimos: Inferioridad, bajeza, desventaja, mediocridad, supeditación, dependencia.

SUPLICAR

Sinónimos: Rogar, pedir, solicitar, implorar, apelar, interpelar.

SUPONER

Sinónimos: Conjeturar, sospechar, figurarse, creer, considerar, pensar.

SUPRIMIR

Sinónimos: Abolir, extinguir, anular, suprimir, liquidar, destruir, disgregar, deshacer, exterminar.

Antónimos: Fundar, establecer, crear, erigir, instalar, instaurar, instituir, implantar.

SUR

Sinónimos: Mediodía, meridional.

Antónimos: Norte, septentrión, boreal.

SUSPENDIDO

Sinónimos: Pendiente, colgado, flotante, levantado.

Antónimos: Apoyado, recostado, sostenido, sustentado, asentado, colocado, posado.

SUSTANCIA

Sinónimos: Esencia, entidad, ser, materia, realidad, sustrato, enjundia, médula, meollo, miga, fuste, nervio.

Antónimos: Cualidad, carácter, sentido, característica, adjetivo, epíteto, circunstancia, accidente, dote, atributo, propiedad, calidad, sello, infortunio, desdicha, adversidad, contrariedad, fatalidad, desventura, contratiempo, catástrofe, tribulación, percance, accidente, negación.

SUSTITUIR

Sinónimos: Reemplazar, suplir, suceder, permutar, renovar.

T

TABARRA
Sinónimos: Lata, incordio, pesadez, tostón, monserga.
Antónimos: Deleite, amenidad, diversión.

TACAÑO
Sinónimos: Agarrado, roñoso, cicatero, avaro, mezquino, generoso.
Antónimos: Generoso, desprendido, espléndido.

TACHAR
Sinónimos: Tapar, suprimir, anular, eliminar, raspar||censurar, tildar, reprochar.
Antónimos: Elogiar, encarecer, alabar.

TACITURNO
Sinónimos: Callado, reservado, hermético, mudo, introvertido, reconcentrado.
Antónimos: Locuaz, explícito, hablador, expansivo, comunicativo, extrovertido.

TÁCTICA
Sinónimos: Método, procedimiento, plan, sistema, estrategia, maniobra, argucia, habilidad.

TALENTO
Sinónimos: Intelecto, entendimiento, inteligencia, agudeza, capacidad, juicio, clarividencia.
Antónimos: Torpeza, cortedad, necedad.

TANTEAR
Sinónimos: Sondear, explorar, examinar, evaluar, sopesar, considerar.

TAPAR
Sinónimos: Cubrir, revestir, recubrir, abrigar, envolver.
Antónimos: Desenvolver, desvestir, revelar.
Sinónimos: Cerrar, taponar, atascar, obstruir.
Antónimos: Abrir, destapar, exponer.

TÉCNICO
Sinónimos: Experto, perito, entendido, conocedor, especialista.

TEJER
Sinónimos: Hilar, urdir, trenzar, entrelazar||intrigar, maquinar, tramar.

TEMOR
Sinónimos: Miedo, terror, pavor, pánico, espanto, alarma, sobresalto, desasosiego.
Antónimos: Valor, serenidad, calma.

TEMPLANZA
Sinónimos: Moderación, sobriedad, austeridad, ascetismo, parquedad, morigeración, parsimonia, frugalidad.

Antónimos: Intemperancia, inmoderación, abuso, exceso, desenfreno, sensualismo, concupiscencia, epicurismo.

TEMPRANO
Sinónimos: Precoz, prematuro, adelantado, madrugador, pronto, primero.
Antónimos: Tardío, retrasado, demorado, extemporáneo, rezagado, impuntual, moroso.

TENAZ
Sinónimos: Constante, perseverante, firme, persistente, porfiado, pertinaz, testarudo.
Antónimos: Débil, voluble, inconstante, tornadizo.

TENER
Sinónimos: Poseer, atesorar, disfrutar, gozar, contener, encerrar, abarcar, asumir, encuadrar.
Antónimos: Carecer, faltar.

TEORÍA
Sinónimos: Teórica, tesis, ciencia, doctrina, explicación, especulación, hipótesis.
Antónimos: Práctica, ejercicio, experimentación, experiencia, empirismo, pragmatismo, prueba, ensayo, ejemplo, demostración, realización.

TERGIVERSAR
Sinónimos: Cambiar, trocar, retorcer, trabucar, intrinsecar, desvirtuar.
Antónimos: Interpretar, razonar, explicar, descifrar, traducir, comentar, glosar.

TERRENO
Sinónimos: Campo, tierra, suelo, superficie, parcela, plantación, cultivo.

TERROR
Sinónimos: Miedo, pánico, pavor, espanto, atrocidad.
Antónimos: Serenidad, sosiego, calma, valentía.

TESTIFICAR
Sinónimos: Atestiguar, declarar, exponer, alegar, certificar, probar.

TIENDA
Sinónimos: Comercio, bazar, negocio, local, puesto, almacén.

TIMAR
Sinónimos: Engañar, estafar, robar, embaucar.

TÍMIDO
Sinónimos: Encogido, parado, apocado, cuitado, vergonzoso, corto, retraído, pusilánime, timorato, pacato.
Antónimos: Audaz, temerario, atrevido, aventurero, arrojado, arriscado, arribista, emprendedor.

TINIEBLA
Sinónimos: Oscuridad, lobreguez, sombra, nebulosidad, negrura.

Antónimos: Luz, claridad, fulgor, llama, destello, brillo, reflejo, chispazo, ráfaga, relámpago, rayo, luminaria, antorcha, faro, linterna, iluminación, alumbrado.

TÍPICO
Sinónimos: Característico, peculiar, específico, representativo, significativo.

TIRANO
Sinónimos: Déspota, dictador, opresor, sátrapa, agresor.

TIRAR
Sinónimos: Arrastrar, remolcar, acarrear, transportar, arrojar, despedir, lanzar, proyectar, disparar, echar, impulsar, impeler, catapultar.
Antónimos: Impulsar, apretar, presionar, propulsar, impeler; coger, recoger, levantar, tomar, cosechar.

TODO
Sinónimos: Totalidad, integridad, plenitud.
Antónimos: Nada, nulidad, carencia, falta, cero.

TOLERANCIA
Sinónimos: Transigencia, respeto, flexibilidad, paciencia, conformidad.
Antónimos: Rigidez, fanatismo, intolerancia, inflexibilidad, rigidez.

TONTERÍA
Sinónimos: Bobada, estupidez, sandez, memez, necedad, torpeza, disparate.
Antónimos: Agudeza, sensatez, sutileza.

TORPE
Sinónimos: Tardo, pesado, embarazado, atado, pausado, premioso.
Antónimos: Ágil, expedito, suelto, vivaz, desenvuelto, ligero, libre, arriesgado.

TORTURAR
Sinónimos: Martirizar, atormentar, vejar, fustigar, sacrificar.

TOSCO
Sinónimos: Ordinario, basto, burdo, áspero, rudimentario, grosero, zafio.
Antónimos: Delicado, refinado, cultivado.

TOTAL
Sinónimos: Completo, entero, general, absoluto, universal, máximo, omnímodo, pleno, global, íntegro.
Antónimos: Parcial, incompleto, fraccionado, fragmento, local, episódico.

TRABAJAR
Sinónimos: Laborar, bregar, afanarse, cumplir, esforzarse, labrar, actuar, currar, dedicarse, consagrarse.
Antónimos: Holgar, holgazanear, descansar, reposar, sosegar, vagar.

TRÁGICO
Sinónimos: Patético, terrorífico, terrible, apocalíptico, dramático, apuradísimo.
Antónimos: Cómico, esperpéntico, jocoso, festivo, humorístico, risible, hilarante, burlesco, satírico.

TRAICIÓN
Sinónimos: Infidelidad, perfidia, villanía, prevaricación, desleal, emboscada, insidia, asechanza.
Antónimos: Honestidad, lealtad, nobleza, caballerosidad, hidalguía, franqueza, sinceridad.

TRAMPA
Sinónimos: Engaño, enredo, celada, asechanza, maquinación||cepo, lazo, red, ratonera||deuda, débito, estafa, timo.

TRANQUILO
Sinónimos: Reposado, pacífico, sosegado, plácido, calmo, sereno, amable, moderado.
Antónimos: Nervioso, irritable, lábil.

TRANSCENDENTAL
Sinónimos: Esencial, crucial, relevante, importante, sustancial, capital.
Antónimos: Secundario, anecdótico, insignificante.

TRANSFORMAR
Sinónimos: Alterar, cambiar, variar, modificar, mudar, trocar, reformar, restaurar.
Antónimos: Permanecer, durar, conservar.

TRANSPARENTE
Sinónimos: Diáfano, cristalino, incoloro, traslúcido.
Antónimos: Opaco, esmerilado.

TRATAR
Sinónimos: Convenir, acordar, pactar, negociar, concertar, estipular.
Antónimos: Discordar, discrepar.
Sinónimos: Conocer, alternar, codearse, comunicarse, frecuentar||considerar, deliberar, debatir, discutir, analizar, estudiar.

TREGUA
Sinónimos: Intervalo, pausa, descanso, detención, suspensión, armisticio.
Antónimos: Insistencia, porfía.

TRIBUTO
Sinónimos: Impuesto, gravamen, carga, arbitrio, contribución, gabela.

TRISTE
Sinónimos: Contrito, afligido, cariacontecido, apesadumbrado, apenado, dolorido, acongojado, compungido, lloroso, taciturno, pesimista, melancólico, cabizbajo, alicaído, mohíno, gris, triste, apagado,

hipocondriaco, tétrico, fúnebre, luctuoso, lúgubre, lastimero, nostálgico, impresionable.
Antónimos: Alegre, regocijado, gozoso, alborozado, jubiloso, jovial, jocoso, satisfecho, contento, feliz, exultante, jocundo, jacarandoso, optimista, eufórico.

TRIUNFO
Sinónimos: Éxito, victoria, palma, gloria, fama, honor, logro, ventaja.
Antónimos: Derrota, pérdida, fracaso.

TROPEZAR
Sinónimos: Chocar, trompicar, colisionar, topar, trastabillar||encontrarse, verse.

TRUNCAR
Sinónimos: Cortar, seccionar, cercenar, amputar, talar, mutilar, decapitar.
Antónimos: Unir.

TUPIDO
Sinónimos: Espeso, junto, poblado, compacto, arracimado, apelotonado.
Antónimos: Ralo, separado, espaciado, claro, abierto, distanciado, diseminado.

TURBA
Sinónimos: Masa, muchedumbre, tropel, multitud, caterva, chusma, tumulto.

TURBADO
Sinónimos: Alterado, sobresaltado, aturdido, azarado, azorado, afectado, desconcertado, atolondrado, sobrecogido, confuso, demudado, desencajado, inquieto, tembloroso, estremecido, conmovido, convulso, agitado.
Antónimos: Sereno, sosegado, tranquilo, reposado, apacible, ecuánime, inmutable, inconmovible.

TUTELA
Sinónimos: Amparo, protección, custodia, auxilio, ayuda, orientación.
Antónimos: Desamparo, desinterés.

U

ÚLCERA
Sinónimos: Herida, llaga, pústula, chancro, fístula.

ÚLTIMO
Sinónimos: Postrero, zaguero, ulterior, final, definitivo.
Antónimos: Primero, primitivo, prístino, inicial, original, inaugural, madrugador, predecesor.

ULTRAJAR
Sinónimos: Agraviar, injuriar, deshonrar, ofender, vejar, humillar, difamar, calumniar.
Antónimos: Alabar, honrar, respetar, venerar.

UMBRAL
Sinónimos: Tranco, limen.
Antónimos: Dintel.

UNANIMIDAD
Sinónimos: Avenencia, coincidencia, concordancia, correspondencia, aprobación.
Antónimos: Discrepancia, desavenencia, desconformidad.

UNICOLOR
Sinónimos: Monocromo, liso.
Antónimos: Multicolor, polícromo, bicolor, tricolor, abigarrado.

UNIDAD
Sinónimos: Uno, individualidad, impar, único, singularidad, patrón, módulo.
Antónimos: Pluralidad, multiplicidad, diversidad, variedad, muchedumbre, constelación, conjunto, colectividad, caravana, pléyade, plantel, vivero, equipo, grupo, sociedad, hermandad, agrupación.

UNIFORME
Sinónimos: Igual, monótono, semejante, regular, periódico, isócrono, rítmico, consuetudinario, acompasado, metódico, sistemático, convencional, estándar.
Antónimos: Variado, diverso, cambiante, distinto, caleidoscópico, diferente, multiforme, polifacético, surtido.

UNIÓN
Sinónimos: Unificación, concordia, alianza, liga, asociación, coalición, pacto, agrupación, federación, confederación, gremio, sindicato, solidaridad, adhesión, fidelidad, conjunción, convergencia, consorcio, hermandad, fraternidad, mancomunidad, acumulación, en comandita, enlace, vínculo, lazo, trabazón, articulación, contacto, nexo, cópula, acoplamiento, fusión, integración.

Antónimos: Desunión, desavenencia, discordia, ruptura, divorcio, divergencia, desacuerdo, disidencia, escisión, secesión, cisma, separación, disgregación, disociación, insolidaridad, división, desmembramiento.

UNIVERSAL
Sinónimos: Mundial, internacional, cosmopolita, heterogéneo, ecuménico.
Antónimos: Local, parcial, aislado, limitado, pueblerino, lugareño, aldeano, rural, municipal, comuna.

URBANIDAD
Sinónimos: Cortesía, educación, finura, elegancia, modales, maneras.
Antónimos: Descortesía, desatención.

URGENCIA
Sinónimos: Prisa, premura, apremio, rapidez, celeridad, presteza.
Antónimos: Demora, retraso, parsimonia.

USO
Sinónimos: Empleo, aplicación, utilización, manejo, práctica, usufructo, moda, costumbre, boga.
Antónimos: Abuso, exceso, extralimitación, demasía, tropelía, atropello, desmán, violencia.

USURPAR
Sinónimos: Expoliar, arrebatar, apropiarse, incautarse, quitar.
Antónimos: Restituir, devolver.

ÚTIL
Sinónimos: Provechoso, aprovechable, conveniente, fructífero, beneficioso, válido, servible, necesario.
Antónimos: Inútil, infructuoso, vano, baldío, estéril, superfluo, innecesario, nulo, inservible.

UTÓPICO
Sinónimos: Fabuloso, mítico, quimérico, ilusorio, ingenuo, absurdo, ideal.
Antónimos: Real, material, objetivo.

V

VACA
Sinónimos: Vaquilla, novilla, ternera, becerra.
Antónimos: Toro, morlaco, marrajo, novillo, becerro, buey, cabestro, manso, choto, ternero, jato.

VACÍO
Sinónimos: Vano, huero, hueco, desocupado, desmantelado, solitario, desierto, despoblado.
Antónimos: Lleno, repleto, abarrotado, abigarrado, arracimado, colmado, rebosante, atestado, saturado, henchido, congestionado.

VAGO
Sinónimos: Gandul, perezoso, indolente, haragán, negligente, remolón.
Antónimos: Diligente, trabajador, dinámico.
Sinónimos: Impreciso, indeterminado, confuso, ambiguo, equívoco.
Antónimos: Preciso, nítido, evidente, claro.

VALIENTE
Sinónimos: Valeroso, héroe, heroico, esforzado, osado, intrépido, temerario, bravo, denonado, impávido, farruco, templado, arrojado, bizarro, conquistador, gallardo, bravío.
Antónimos: Cobarde, miedoso, medroso, pusilánime, menguado, amilanado, asustadizo, tímido, pacato, apocado, encogido.

VALORAR
Sinónimos: Valuar, evaluar, tasar, cotizar, justipreciar, aquilatar, calibrar, calcular, computar, estimar.
Antónimos: Devaluar, desvalorizar, despreciar, subestimar, desmerecer, rebajar, desacreditar.

VANAGLORIARSE
Sinónimos: Jactarse, enorgullecerse, alardear, engreírse, fanfarronear.
Antónimos: Humillarse, rebajarse.

VANDÁLICO
Sinónimos: Destructivo, devastador, demoledor, bárbaro, salvaje.
Antónimos: Civilizado, urbano, benévolo.

VANIDAD
Sinónimos: Jactancia, vanagloria, altivez, engreimiento, altanería, orgullo, petulancia.
Antónimos: Modestia, sencillez, humildad.

VARIADO
Sinónimos: Diverso, cambiante, distinto, polifacético, diferente, multiforme, surtido.
Antónimos: Uniforme, monocorde, igual, monótono, semejante, regular, periódico, isócromo, rítmico, acompasado, metódico, asistemático.

VARONIL
Sinónimos: Viril, macho, vigoroso, masculino, esforzado, hombruno, enérgico, variado.
Antónimos: Afeminado, marica, maricón, sarasa, invertido, sodomita, homosexual, andrógino, castrado, eunuco.

VASALLO
Sinónimos: Súbdito, servidor, siervo, esclavo, tributario.
Antónimos: Aristócrata, señor.

VASTO
Sinónimos: Amplio, grande, desarrollado, evolucionado, elaborado, extenso.
Antónimos: Pequeño, exiguo, reducido.

VEHEMENTE
Sinónimos: Fogoso, ardiente, apasionado, encendido, exaltado, entusiasta.
Antónimos: Frío, sereno, sosegado, calmado.

VELAR
Sinónimos: Trasnochar, desvelarse.
Antónimos: Dormir, descansar, reposar, roncar, dormitar, sestear, trasponerse, adormecer, pernoctar.

VELEIDOSO
Sinónimos: Caprichoso, antojadizo, mundable, lábil, frívolo, voluble.
Antónimos: Serio, recio, constante.

VENCER
Sinónimos: Ganar, triunfar, someter, conquistar, subyugar, reducir, dominar.
Antónimos: Perder, fracasar, rendirse.

VENENO
Sinónimos: Tóxico, tósigo, estupefaciente, ponzoña, rejalgar.
Antónimos: Contraveneno, antídoto, antitóxico, triaca, remedio, bálsamo, lenitivo, específico, elixir, panacea.

VENGANZA
Sinónimos: Represalia, desquite, vindicta, *vendetta*, revancha.
Antónimos: Perdón, remisión, absolución, condonación, indulto, amnistía, jubileo, gracia, clemencia.

VENTAJA
Sinónimos: Superioridad, prioridad, preeminencia, beneficio, provecho, conveniencia.
Antónimos: Desventaja, inferioridad, mengua, perjuicio, dificultad, contrariedad, pero, inconveniente.

VERANO
Sinónimos: Estío, canícula.
Antónimos: Invierno, invernada, helada.

VERBOSIDAD
Sinónimos: Verborrea, elocuencia, facundia, afluencia, pico, labia, desparpajo.
Antónimos: Laconismo, concisión, parquedad.

VERDAD
Sinónimos: Veracidad, legalidad, autenticidad, realidad, sinceridad, ortodoxia.
Antónimos: Mentira, embuste, infundio, impostura, calumnia, falsedad, engaño, falacia, sofisma, superchería, andrómina, embeleco, patraña, farsa, trapisonda, comedia, ficción.

VERGÜENZA
Sinónimos: Rubor, pudor, pudibundez, recato, decoro, turbación, honra, sonrojo.
Antónimos: Desvergüenza, desfachatez, cinismo, insolencia, desplante, descaro, imprudencia, procacidad, desenfado, descoco, desgarro, frescura, impudicia.

VEROSÍMIL
Sinónimos: Probable, creíble, posible, admisible.
Antónimos: Inverosímil, increíble, improbable, imposible, irracional, absurdo, inexistente.

VERTER
Sinónimos: Vaciar, volcar, echar, derramar, evacuar, diseminar.
Antónimos: Retener, llenar.

VIAJE
Sinónimos: Paseo, éxodo, periplo, excursión, expedición, crucero, travesía.
Antónimos: Permanencia.

VICIO
Sinónimos: Maldad, perversidad, corrupción, libertinaje, disipación, crápula, inmoralidad, depravación, relajación, degradación, degeneración, fango, cieno, lodo.
Antónimos: Virtud, moral, moralidad, ética, honestidad, santidad, bondad, probidad, honradez.

VÍCTIMA
Sinónimos: Martirizado, muerto, dañado, pasivo, mártir, inmolado, sacrificado.
Antónimos: Victimario, egoísta, beneficiado.

VICTORIA
Sinónimos: Triunfo, éxito.
Antónimos: Derrota, revés, desastre, descalabro, hecatombe, contratiempo, fracaso.

VIEJO
Sinónimos: Anciano, senil, caduco, decrépito, cascado, provecto, otoñal, longevo, antañón, vetusto, vejestorio, carcamal, canoso, veterano, patriarca, usado, ajado, gastado, raído, deteriorado.

Antónimos: Joven, mozo, mozalbete, adolescente, núbil, muchacho, pimpollo, galán, efebo, guayabo, mancebo, nuevo, flamante, reciente, intacto, virgen, moderno, original.

VIGOR
Sinónimos: Brío, pujanza, vehemencia, viveza, arranque, fuerza, nervio, energía.
Antónimos: Debilidad, impotencia, endeblez.

VIOLAR
Sinónimos: Quebrantar, infringir, vulnerar, conculcar, quebrar, transgredir.
Antónimos: Cumplir, obedecer, acatar, respetar, atenerse.

VIRTUD
Sinónimos: Moral, ética, honestidad, escrupulosidad, santidad, probidad, honradez.
Antónimos: Vicio, maldad, perversidad, perversión, corrupción, libertinaje, disipación, inmoralidad, depravación, degradación, degeneración, fango, cieno, lodo.

VITUPERAR
Sinónimos: Desalabar, censurar, criticar, motejar, difamar, infamar, denigrar, desprestigiar, afrentar, vejar, vilipendiar, desacreditar, denostar.
Antónimos: Alabar, elogiar, ponderar, encomiar, ensalzar, loar, aprobar, aplaudir, celebrar, preconizar, enaltecer, prestigiar, bendecir, exaltar, glorificar.

VIVO
Sinónimos: Existente, subsistente, vital, animado, palpitante, orgánico, viviente.
Antónimos: Muerto, exánime, exangüe, cadáver, fiambre, inanimado, yerto, inerte, difunto, finado, víctima, interfecto, inorgánico.

VIVIENDA
Sinónimos: Piso, domicilio, edificación, morada, edificio, estudio, casa.

VOLAR
Sinónimos: Planear, alzarse, elevarse, revolotear, aletear.
Sinónimos: Estallar, desintegrarse, reventar, explotar, detonar, dinamitar.
Antónimos: Construir, erigir, edificar.

VOLUBLE
Sinónimos: Frívolo, tornadizo, cambiante, lábil, inestable, mudable, versátil.
Antónimos: Constante, firme, serio, estable.

VOLUNTAD
Sinónimos: Volición, querer, deseo, espontaneidad, albedrío, libertad, arbitrio, disposición, talante, autodeterminación, capricho, intención, intento, designio, propósito.
Antónimos: Abulia, volubilidad, versatilidad, inconstancia.

VOLUNTARIO

Sinónimos: Espontáneo, libre, potestativo, consciente.

Antónimos: Obligatorio, forzado, forzoso, imperioso, preceptivo, impuesto, necesario, imprescindible, indispensable, preciso, indeclinable, inexcusable, exigible.

VOMITAR

Sinónimos: Volver, devolver, regurgitar, repetir.

Antónimos: Tragar, deglutir, engullir, ingurgitar, pasar, atragantar.

VOZ

Sinónimos: Sonido, fonema, fonación, vocablo, articulación, vocalización, inflexión, entonación, acento, gorjeo, trino, gorgorito.

Antónimos: Afonía, ronquera, mudez, carraspera.

VULGAR

Sinónimos: Adocenado, desconocido, indocumentado, anónimo, ignorado, oscuro, innominado, común, gregario, corriente, ramplón, manido, trillado, sabido, visto, chabacano.

Antónimos: Ilustre, insigne, eximio, egregio, célebre, famoso, renombrado, reputado, preclaro, destacado, distinguido, prestigioso, noble, excelente, excelso, glorioso, conspicuo, notable, sobresaliente, erudito, eminente, ínclito, relevante, destacado, descollante, prohombre, original, ingenioso, inusitado.

XENOFOBIA
Sinónimos: Chavinismo, intolerancia, intransigencia, patriotería.

Y

YACER
Sinónimos: Acostarse, descansar, echarse, tumbarse, reposar, tenderse.
Antónimos: Erguirse, alzarse, levantarse.

YACENTE
Sinónimos: Tendido, plano, acostado, horizontal.
Antónimos: Levantado, erguido, parado.

YACIJA
Sinónimos: Cama, catre, fosa, hoya, huesa, lecho, sepultura, tumba.
Antónimos: Mausoleo, sepulcro.

YACIMIENTO
Sinónimos: Mina, filón, veta.
Antónimos: Peñasco, roca, risco, pedrusco.

YANTAR
Sinónimos: Comer, manjar, alimento, vianda.
Antónimos: Sobra, residuo, desecho, excedente.

YEGUA
Sinónimos: Jaca, potra, potranca.
Antónimos: Caballo, corcel, rocín, jamelgo, rocinante, penco, trotón, jaco, potro.

YEMA
Sinónimos: Retoño, renuevo, brote, capullo.
Antónimos: Producto, provecho, beneficio, cosecha.

YERMO
Sinónimos: Baldío, infértil, páramo, desierto.
Antónimos: Fecundo, fértil, productivo, óptimo.

YERRO
Sinónimos: Error, equivocación, confusión.
Antónimos: Tino, tacto, tiento, destreza.

YERTO
Sinónimos: Rígido, tieso, gélido.
Antónimos: Movido, reanimado, alentado, confortado.

YESCA
Sinónimos: Pajuela, acicate, incentivo.

YUGO
Sinónimos: Dominio, opresión, sujeción, sumisión.
Antónimos: Libertad, independencia, emancipación, liberación.

YUNQUE
Sinónimos: Bigornia.

Z

ZAFIO
Sinónimos: Grosero, incívico, inculto, paleto, palurdo, rudo, tosco.
Antónimos: Civilizado, cortés, culto, educado, erudito, fino.

ZAMPOÑA
Sinónimos: Albogue, cornamusa, dulzaina, gaita, pífano.

ZANCADILLA
Sinónimos: Traspié, traba, estorbo, tropiezo, trampa.

ZÁNGANO
Sinónimos: Gandul, vago, remolón, vago, perezoso, holgazán.
Antónimos: Trabajador, activo, dinámico, laborioso.

ZARPAR
Sinónimos: Salir, marchar, partir.

ZARZA
Sinónimos: Cambrón, espino, maleza, maraña, mata, matorral, zarzal, zarzamora.

ZIGZAGUEANTE
Sinónimos: Quebrado, picudo, aserrado, anguloso, articulado.
Antónimos: Ondulado, undoso, sinuoso, serpenteado, culebreante, tortuoso, retorcido, crespo.

ZODIACO
Sinónimos: Constelación, clíptica.

ZONA
Sinónimos: Comarca, país, región.

ZORRO
Sinónimos: Astuto, ladino, raposo, taimado.
Antónimos: Noble, abierto, sincero, bonachón, incauto.

ZOZOBRA
Sinónimos: Angustia, tormento, ansiedad, desasosiego, preocupación.
Antónimos: Tranquilidad, serenidad, sosiego.

ZURDO
Sinónimos: Siniestro, babor, izquierdo, zocato.
Antónimos: Derecho, diestro, estribor, recto.

ZURRAR
Sinónimos: Adobar, apalear, castigar, censurar, curtir, pegar.
Antónimos: Acariciar, suavizar, elogiar, ayudar, curar.